・普天之下・盡是好書

普天 出版家族
Popular Press Family

凌雲 文創
A-Plus Creative Company

優秀的人，不會爲了小事抓狂

Don't be crazy about the little things

管好情緒
別讓情緒綁架你

作家蕭伯納曾經寫道：「人類總是低估了負面情緒
自己帶來的後果。」
爲了小事抓狂，只會使自己失去理智，擴大事端，
讓自己後悔的行爲。大多數動不動就發怒的人，非
乏涵養，還過度膨脹自己，才會爲一些不值得生氣
情大發雷霆。
優秀的人要妥善管理自己的情緒，才不致做出錯誤
動的行爲，讓自己後悔莫及。

文蔚然

出版序

用輕鬆的心情面對惱人的事情

與人交流要多用幽默技巧轉圜，如此我們才能在這複雜的現實社會中，瀟灑走過每一場紛爭，也輕鬆躲過每一個危機。

作家蕭伯納曾經寫道：「人類總是低估了負面情緒會為自己帶來的後果。」

爲了小事抓狂，只會使自己失去理智，擴大事端，做出讓自己後悔的行爲。大多數動不動就發怒的人，非但缺乏涵養，還過度膨脹自己，才會爲一些不值得生氣的事情大發雷霆。

優秀的人要懂得管理自己的情緒，才不致於做出錯誤、衝動的行爲，讓自己後悔莫及。遇到棘手麻煩的人或事，你通常怎麼應付？是直接駁斥，把球用力反擊回去？還是停頓一下，然後再直擊對方要害？

有一天，賈飼養的小毛驢被偷了，他找了半天始終找不到。於是他在村裡到處放話：「快把毛驢還我！不然我就要像我父親那樣做了！」

小偷聽見後十分害怕，雖然他不知道賈的父親到底會怎麼做，但這般恐嚇式的放話，卻也讓他心驚膽跳，於是連忙向賈認錯，並將小毛驢還給賈。

「請問，您父親大人會怎麼做？」事後，竊賊好奇地問賈。

只見賈笑笑地說：「很簡單啊！毛驢不見了，當然再買一頭毛驢囉！」

聽見賈這樣的解答，是不是讓你忍不住哈哈大笑呢？那麼，你是否在笑聲中領悟了其中訣竅？

沒有一口氣將話說完，賈硬是保留了最後一句話，先遣「威脅恐嚇」上前應戰，因爲對方若只是泛泛小輩，想來這個恐嚇方法應該會達到一定的效果。

果不其然，這個偷兒眞是一個無膽小偷，不必賈再用其他招式，便乖乖地把驢子歸還給賈了。

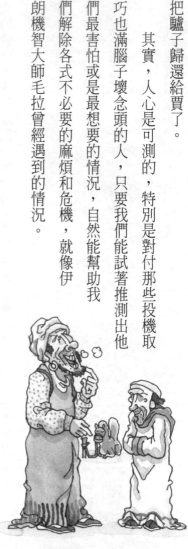

其實，人心是可測的，特別是對付那些投機取巧也滿腦子壞念頭的人，只要我們能試著推測出他們最害怕或是最想要的情況，自然能幫助我們解除各式不必要的麻煩和危機，就像伊朗機智大師毛拉曾經遇到的情況。

有一天，伊朗王興沖沖地將自己剛完成的頌詩給毛拉看，毛拉看完後卻說：

「這詩寫得不怎麼樣嘛！」

沒想到毛拉會這麼直接批評，伊朗王當場變臉，最後還惱羞成怒，下令將毛拉關進大牢，還要讓他餓一天一夜。

事過不久，國王又寫了一首頌詩，要毛拉發表評論，這回毛拉一句話也沒說，只靜靜地站起來，轉身準備離開。

國王見狀，問道：「毛拉，你要到哪兒去？」

毛拉偏著頭，說：「去監獄。」

多妙的回答，伊朗王若是個明君，想來應該會笑著喚回毛拉吧！帶點嘲諷的幽默回應，看似讓人尷尬，實則顧全了伊朗王的面子，更緩解兩個人再一次硬碰硬的衝突機會。

德謨克利特曾說：「要戰勝自己的情緒是很艱難的事，但是，這種勝利正標誌著你是一個深思熟慮的人。」

眞正優秀的人，不會爲了小事抓狂，也不爲了小事情氣不停，因爲他們懂得掌控自己的情緒，會以理智、溫和的態度處理事情。

與人交流要多用幽默技巧轉圜，話可以說得直接，但也要懂得多用技巧，有所保留，如此一來，我們才能在這人事複雜的現實社會中，瀟灑走過每一場紛爭，也輕鬆躲過每一個危機。

PART—1 面對批評，要懂得自我肯定

生命本身有無可限量的爆發力與創造力，我們不應該囿限於既定的規矩之中，因為人的價值不應該來自他人的評定。

PART—2

用幽默化解窘迫

擁有灑脫且自信的風采，除了用心感受、體會生活之外，更要培養寬廣的心胸，如此就能擁有滿是陽光微笑的生活了。

PART—3

幽默應對，就是溝通的智慧

在應對中表現出溝通的智慧，只要我們肯選取正面的角度，懂得在生活中多用點幽默和創意，環境自然會充滿著朝氣和活力。

PART—4

發揮智慧，就能靈活應對

無論是自救或救人，臨危不亂是基本，反應靈活是竅門，機智變通是要訣，只要能把握這幾個要點，再大的危機都不過是件小麻煩罷了。

PART—5

用機智讓人們的嘲笑戛然而止

跌倒時，別再哭紅了眼傾訴，不妨用微笑面對，然後我們便能知道怎麼用瀟灑自在的姿勢面對挫折，並再次贏得眾人的掌聲。

PART—6

想化解尷尬，不妨轉個彎說話

與人溝通不難，關鍵就在有沒有心與人互動、溝通，只要說得巧妙、聽得聰明，人與人之間的溝通交流自然不會出現問題了。

PART—7

老用心機，只會累壞自己

過分縱容私心，最後損傷的肯定會是自己，若事事皆計較，時時都用心機，不僅生活難得滿足，人生路更容易走向偏差。

PART—8

用機智解決問題，生活才會順利

想時時順利，我們便得用心思考生活中的每一步，認真培養臨危不亂的膽識，也努力養成見機行事的機智。

PART—9

保持冷靜，才能走出困境

無論你此刻正困陷在什麼樣的難題中，請先安撫你的情緒，並冷靜地思考、分析問題，以找出真正有效的解決辦法。

PART—10

杜絕貪念，才不會一再受騙

生活中最佳的依靠是我們自己，有天大的好事發生時，要能冷靜轉念：「嗯，這其中恐怕另有內情。」

1. 面對批評，要懂得自我肯定

生命本身有無可限量的爆發力與創造力，
我們不應該囿限於既定的規矩之中，
因為人的價值不應該來自他人的評定。

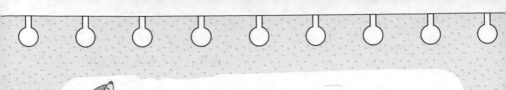

聰明退讓才能全身而退

待人處事不是用咄咄逼人的方式就能得到自己想要的，能聰明退讓，並且懂得用幽默回應，反而更能讓人得到一條全身而退的平安路。

某天，伊麗莎白女王臨時決定拜訪培根的府邸，但一踏進培根府邸，第一次到培根家的女王，臉上卻露出了鄙夷的神情。

原來，一向生活在宅深牆高的宮廷大院裡的英國女王，平常只到其他貴族或高官們的大宅訪問過，因此接觸到的全是些奢侈華貴的豪宅，有些甚至與皇宮不相上下。因此，當她看到如此簡樸普通的法官宅院時，忍不住驚訝道：

「法官大人，您的居所未免太小了吧！」

站在女王身邊的培根，這時抬起了頭，故作認真地細細端詳著自己的屋子，接著聳聳肩說：「女王陛下，我的居所看起來其實挺不錯的啊！您會覺得太小我想這應當是因為女王陛下您太抬舉我，忽然駕臨寒舍，因而女王偉大的光芒便佔去了寒舍大半空間，所以空間自然要變小了。」

也許有人會爲這樣的阿諛奉承感到厭惡，質疑何必應酬這個帶有偏斜眼光的女王。

這麼想其實也沒什麼錯，只是再仔細想一想，直接擺臭臉接待女王，又或是直言女王不知民間疾苦，對培根來說又有何益呢？

生活是以解決問題爲要，我們沒

有必要爲自己製造麻煩和問題，特別是在人際交流上，與其恣意宣洩不滿情緒，不如輕鬆看淡，不再多加理睬，反而更能讓我們享有愜意的人生。

有一年，法國哲學家伏爾泰因為譏諷攝政王奧爾良公爵，而被囚禁在巴士底監獄時的省悟。在監獄裡吃盡苦頭後，伏爾泰省思著：「這個人真是冒犯不得，我出獄後雖然不想再與他交流，不過總得為彼此留個後路吧！」

在監禁期間，伏爾泰反覆思考出獄後的化解辦法，最後他決定：「總之，退一步海闊天空。」

出獄後，伏爾泰立即登門拜訪：「感謝公爵的寬宏大量，不再計較，只給了我這麼一點小教訓，謝謝！」

看見伏爾泰竟然登門道謝，奧爾良公爵也有些不好意思，心想：「這傢伙雖然愛譏諷人，但畢竟是個頗具影響力的人物，當初真不該如此衝動，還是早早與他化干戈為玉帛才對！」

於是，這兩個人禮尚往來，禮貌地打躬作揖了好一段時間，並互相說了許多奉承與讚美之詞。最後，伏爾泰再一次表示感激說：「公爵，您真是個樂於助人的大善人，當初若不是您擔心我的食宿問題，我這十一個月的時間，恐怕早在街上凍死或餓死了，我真心要再次向您表示感謝。請放心，您以後不必再為我擔心這件事了。」

莎士比亞曾經寫道：「為了小事爭辯，往往會使這件小事顯得格外重大，甚至會讓你惱羞成怒。」

與人交涉、溝通時，應該先理清自己的思緒，控制自己的情緒，以此說服、引導、感染對方。凡事只要以溫和理智的態度進行，就不會產生無謂的衝突，更不會因憤怒而擴大事態。

在這兩則故事中，我們看見了一句句微笑退讓的應答，也讓我們體會到這兩位哲學家的生活智慧，更讓我們明白了，待人處事不是用咄咄逼人的方式就能得到自己想要的，能聰明退讓，並且懂得用幽默回應，反而更能讓人得到一條全身而退的平安路。

罵人何必用髒字

不要用情緒解決問題，直接表達心中的不滿雖然暢快，但危險會出現得更快。若想明哲保身，要懂得用智慧宣洩情緒。

西班牙畫家戈雅是個嫉惡如仇、愛憎分明的人。

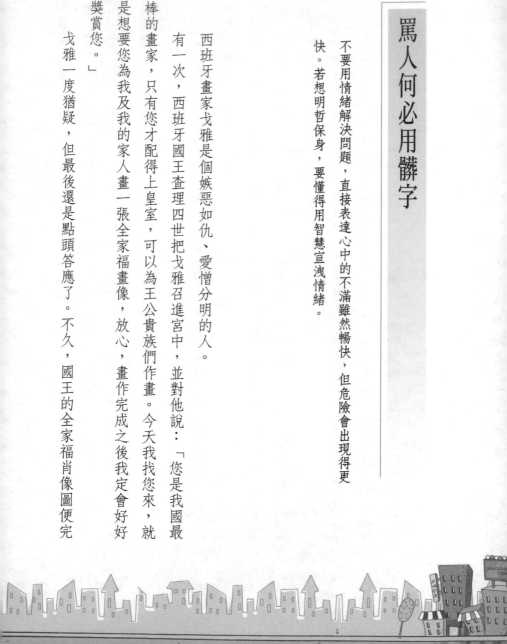

有一次，西班牙國王查理四世把戈雅召進宮中，並對他說：「您是我國最棒的畫家，只有您才配得上皇室，可以為王公貴族們作畫。今天我找您來，就是想要您為我及我的家人畫一張全家福畫像，放心，畫作完成之後我定會好好獎賞您。」

戈雅一度猶疑，但最後還是點頭答應了。不久，國王的全家福肖像圖便完成了，戈雅也立即送來請國王過目。

但不看還好，群臣們一看便知道戈雅冒犯了國王，只見國王氣惱得臉都紅了；因為戈雅在這幅畫裡動了手腳，明明畫中有十四個人，應當有好幾隻手在上面，但大家不必細數便能看出，畫裡的人物幾乎都沒有「手」，事實上，戈雅在這幅畫中只畫了六隻手。

國王怒氣沖沖地問：「其他人的手呢？到哪去了？你到底會不會畫畫啊？」

戈雅一臉無辜地說：「我也不知道他們的手跑到哪兒去了！」

國王生氣地說：「快給我添上！」

但是，戈雅卻堅持說：「我真的看不見他們的手啊！」

戈雅之所以這麼堅持，是因為他知道，那些王孫公子們全都是些有嘴無手的懶惰紈褲子弟。

又有一回，有個喜愛收藏藝術品的博士，來請戈雅為他作畫。不過，這個博士據說是出了名的偽君子，表面上看起來道貌岸然，實際上卻是個心狠手辣的傢伙，聽說他曾為了搶奪朋友美貌的妻子，而狠心將朋友殺害。

戈雅當然知道這件事，也非常厭惡他，不過他卻不想得罪他，所以他仍然為博士完成了畫像。博士看見作品時，還滿意地手舞足蹈呢！

只見他開心地對戈雅說：「戈雅，我知道您很難得為人畫手的，這次您竟然把我的雙手都畫出來，我實在太榮幸了！明天我定會奉上一份豐厚的酬金給您。」

沒想到戈雅忽然冷笑一聲，接著說：「這麼開心？你知不知道我為什麼要把你的雙手都畫出來呢？我可是要讓人們看清楚，你是個可怕的殺人兇手，要讓大家看一看，你那雙沾滿血漬的凶惡之手！」

博士一聽，再仔細地看了看圖，這時才

發現，他的雙手果真沾染了血漬，一瞬間，他原來充滿笑容的臉登時變成怒顏。

直接拒絕的壞處多於好處，不論是以抽象呈現的暗喻，或是以寫實表現達到暗諷的目的，藝術家們的確比一般人更懂得什麼叫借力使力。

所以，爲了喚醒皇室的成員，戈雅借肖像來訓示王公貴族的不知長進；又爲了能表達心中的正義感，戈雅更將厭惡心擱置一旁，用圖畫盡情地將心中的不平之聲揮灑出來。

其實，畢卡索也曾有類似的表現。

在第二次世界大戰期間，德國的將領和士兵經常出入巴黎的畢卡索藝術館，這讓終生反對侵略戰爭的畢卡索十分不悅，因而面對這群不速之客時，畢卡索始終冷淡地接待。

有一天，在藝術館的出口處，畢卡索發給每位德國軍人一幅他的名畫《格爾尼卡》的複製品，這幅畫上描繪的是西班牙城市格爾尼卡遭到德軍飛機轟炸之後的慘不忍睹情狀。

其中，一名德國將軍來到出口處之時，便指著這幅畫，問畢卡索說：「這是您的傑作嗎？」

「不是，這是你們的傑作！」畢卡索冷冷地說。

在日常生活中，我們確實經常遇到讓人無奈萬分又憤怒的情況，然而面對這些難解的人際習題，你通常會怎麼處理面對？

在這裡，戈雅和畢卡索異口同聲地告訴我們：「不要用情緒解決問題，直接表達心中的不滿雖然暢快，但危險會出現得更快。若想明哲保身，要懂得用智慧宣洩情緒，如果明的不行，暗著來又何妨？」

罵人不一定要用髒字，只要減少正面起衝突的機會，聰明地拐個彎罵人，不僅能讓說話和聽話的人都快意，最重要的是能保全你的性命。

用幽默的智慧替自己解圍

我們無須用嚴苛的言詞來反駁，很多時候只需輕輕點出對方的小缺漏，我們就能為自己扳回一城。

人與人之間難免會有意見相左的時候，在這個時候，你會怎麼與人溝通？是加足火力相抗？還是微笑聽聽就好？

許多性情急躁的人在面對他人批評或與人意見不同時，常會忍不住以嚴詞相對，但事實上，這種砲火猛烈的攻擊卻時常比不上幾句話的四兩撥千斤，像英國肖像大師戈弗雷·內勒爲太太畫的一幅全身肖像作品，便是最好的證明。

某天，一位友人前來拜訪內勒，在客廳看見一幅內勒夫人的全身畫像。友人仔細欣賞作品後，說道：「嗯，可惜畫像底部有一些爪痕，真是大大地破壞了作品的完美！」

內勒一聽，笑著說：「的確，不過我實在沒有辦法避免這件事，因為那是我妻子飼養的一隻小狗的傑作，那隻狗經常會用爪子抓住內人的裙子，撒嬌著要主人抱一抱牠。」

「喔！原來如此。」客人明白地點了點頭。

這時，客人忽然想起一件事：「咦，聽說佐克西斯也曾發生這樣的事。佐克西斯有一回在一幅小男孩的畫像頭上，畫了許多栩栩如生的葡萄，由於葡萄十分逼真，以致於鳥兒們都飛來啄食呢！」

內勒還是笑著說：「是嗎？那要是他把孩子也畫得與葡萄一樣逼真，小鳥們就不敢來啄葡萄了！」

聽見朋友批評畫作上的爪痕缺陷，內勒一點也不覺得尷尬，反而驕傲地向對方解釋作品的逼眞；接著，當朋友提出別人也有這樣「逼眞」的作品時，內勒也聽出了對方有意較量。不過，內勒並沒有讓對方得逞，反倒從友人的話中找到那幅作品的缺漏，一句「如果男孩也逼眞」的話，機智地穩固了自己在人物畫的創作天分與地位。

其實，想像著小狗在夫人畫像前熱情擺尾，並著急地要與畫中人互動時，未曾見過那幅作品的你，是不是也想像得到畫中人物的眞實感？然後，再想像另一幅被鳥兒啄得坑坑洞洞的佐克西斯作品，對照著內勒的結論，是否也讓你忍不住會心一笑？

幫自己解圍的最好方法正是如此，人與人之間的交流原本就有許多過招的機會，究其原因並不是人人都好與人爲敵，只不過是有些人就喜歡與人抬槓罷了，喜歡用這樣的方式來佔別人便宜，或是遮掩自己的缺失。

遇到這一類的人，我們便得學會用自己的智慧與修養來化解，不必抓狂地批評別人的作品，也無須用嚴苛的言詞來反駁，很多時候只需輕輕點出對方的小缺漏，我們就能爲自己扳回一城的。

換個方向就能找到希望

人和人之間的衝突之所以會發生，往往是我們懶得轉個彎想辦法，總固執堅持於一個思考方向，結果不只傷了對方，更傷了自己。

有一次，英國畫家兼雕塑家威廉・霍格思臨時受命，要為一個其貌不揚的貴族繪製肖像畫。

但畫像完成之後，問題卻來了。由於威廉・霍格思十分寫實的人物繪畫特色，竟惹毛了這位大人物，不僅拒絕收貨，更不願意付錢，不管霍格思如何據理力爭，始終得不到任何結果。

霍格思心想：「不行，我一定要維護我的權利，更需要這筆錢來維生。」

霍格思想出一個妙計，只見他找出紙筆，匆匆寫了一封信給這個貴族。

信上寫著：「大人您好，最近有個專門展覽野獸、畸形人和怪人畫作的朋友來訪，他對於您那張肖像畫十分感興趣，甚至願意以高價收買。對不起，我實在很需要錢，因此如果您在三天之內仍未回覆，或是沒有購買您這張肖像畫的意願，那麼我打算把這幅畫像稍稍加點工，像是加個尾巴和其他器官之類的，然後高價賣給那個人去展覽囉！」

貴族一收到這封信，擔心自己丟人現眼，便立即派人將錢送來，並要求下人當場將他的肖像畫燒了。

在幽默趣味中更顯智慧的表現，是許多名人軼事中最常出現的故事，看見霍格思爲自己爭取權利的機智，想必讓許多人佩服不已，因爲你一定經常這麼想：「爲什麼別人就是有辦法輕鬆解決問題，或爲自己爭取應得的權利呢？」

其實，生活中的所有問題都能簡單地歸結在一個「人」字身上，只要扣住這個核心再抽絲剝繭，自能慢慢找出解決的辦法。

就像故事中的霍格思一樣，自己的權利是重點，貴族的權勢也是重點，不過追根究底，問題始終都在這個大人物身上，因此若想解決問題，當然得把重點聚焦在貴族的身上。

於是，我們看見聰明的霍格思，針對了貴族最在意的「面子問題」。畢竟從貴族邀畫，到圖畫完成後拒絕付錢，不都在在顯示出那名貴族有多麼愛面子嗎？從這個角度切入，霍格思想到了解決問題的方法，反正不管是加尾巴還是在臉部補幾顆痣，對貴族來說都不是重點，重點是霍格思準備將他其貌不揚的長相公諸於世啊！

轉個彎，霍格思以同樣的作品爭回自己應得的報酬，或者我們也可以這麼說，人和人之間的衝突之所以會發生，往往是我們懶得轉個彎想辦法，總固執堅持於一個思考方向，結果不只傷了對方，更傷了自己，不是嗎？

何必在意別人的敵意？

所謂的敵意不過是對方解不開的心結，別在意人們怎麼批評，也別再與人計較對立了，因為環境的好壞取決於我們自己而不是他人。

性格豪放不羈，而且很喜歡譏諷當代大人物的伏爾泰，有一天忽然難得地讚揚一位同輩作家。只是就在他說完讚美後，一位朋友當場對他說：「聽到你如此讚揚那位先生，我心中真是替你不值。你知道嗎？那位先生可是經常在你背後說你的不是啊！」

「是嗎？照這樣看來，我們兩個人都說錯話了。」伏爾泰說道。

伏爾泰幽默風趣的回應，讓原本可能產生的對立情況輕易避免了。對於人們的耳語消息，伏爾泰並沒有刻意理會，反而以更開闊的心胸來面對；他說的那句話雖然乍聽之下是不滿的回應，其實隱藏其中的卻是輕鬆幽默的人際交流的智慧。

試想，剛剛讚美一個人後，卻聽聞對方對自己私下批評，接下來許多人想必是轉而怒斥對方的不是，甚至是惱怒著自己的盲目，是不是呢？

再想一想，做出這些舉動後，對我們又有什麼樣的幫助？是否眞能宣洩心中的不滿呢？

所以，還是輕鬆轉念，幽默看待吧！英國哲學家休謨在某次晚宴上，聽聞一位客人抱怨後的回應，就頗值得我們效法。

當時，那位賓客說：「這個世界處處充滿著敵對，人與人之間的對立情況實在太嚴重了。」

休謨一聽，頗不以為然地說：「不，情況絕非如你所言。」

客人以非常懷疑的眼神看著這個老哲學家，只見休謨微笑說：「你看，我以前寫過許許多多容易引起敵對仇恨的題目，其中有道德的、政治的、經濟的或是宗教的，可是我至今除了輝格黨人、托利黨人以及基督教徒外，就沒有其他敵人了。」

聽見休謨這麼說，也許你忍不住想問，這三組敵人難道還不夠多嗎？

事實上，多不多根本不是重點，休謨真正想表達的，不是敵人的多寡，而是你用什麼樣的角度和心態看世界，就像伏爾泰對批評他的人的觀感一樣。

再延伸思考，從這兩位大師的妙語中，我們也得到了一個啟發：**面對他人的敵意時，結果會如何，其實是看你選取的角度而定。**

所以，無論是面對輝格黨人、托利黨人或基督徒的仇恨心，還是作家的鄙視心，對休謨來說，他看見的世界依然是美好的，而所謂的敵意不過是對方解不開的心結，並無礙於休謨建構心中的美麗世界。

相同的，對伏爾泰來說，無論從別人口中得到的是讚美或批評，全得看自己怎麼看待，如果是偏斜著眼看世界，那麼不管人們怎麼讚揚他，他的生活依然會呈現偏斜。

作家雷普利爾曾經這麼說過：「幽默會帶來悟力和寬容，冷嘲熱諷則帶來深刻而不友善的理解。」

不要讓別人的敵意左右自己的意志，當現實環境不如預期的時候，何妨試著用幽默取代心中的怨懟？

如果你懂得發揮創意幽自己一默，許多看似無解的難題都會迎刃而解。

因此，別在意人們怎麼批評，也別再與人計較對立了，因爲環境的好壞取決於我們自己而不是他人。

面對批評，要懂得自我肯定

生命本身有無可限量的爆發力與創造力，我們不應該囿限於既定的規矩之中，因為人的價值不應該來自他人的評定。

一生都在努力探索繪畫世界的畢卡索，可以說將一生全都奉獻給了繪畫。創作力驚人且創意十足的畢卡索，作品千變萬化，不跟隨時尚流行，更不懂得「當下」行規，一切作品都是順應自己的心，但這也讓許多保守派人士很不能接受，一般人也認為他的創作太過前衛。

「前衛」之名對一個創作者來說，常常是種可怕的負擔，除了會帶來無情的批評之外，許多人對於這樣的藝術家根本不願給予肯定。

不過，始終快樂沉醉在自己創作世界裡的畢卡索卻一點也不以為意，雖因此嚐盡苦悶滋味，卻也懂得從中細細品味出難得的生活經驗。

對於人們的攻訐，他曾對朋友說：「新潮前衛的作品如今所面對的攻擊比過去還要多，從前的人們都會正面批評，但是現在的人們卻偏好從後面攻擊。」

畢卡索毫不避諱地盡吐心中苦悶，然而，多數人卻始終不能用心體會他的創作心聲。

後來，有一群崇尚前衛藝術的青年朋友們，來向畢卡索請教，提出了這麼一個問題：「依照立體派的原則來畫人時，我們應該畫成圓的還是方的啊？」

畢卡索以十分威嚴的口氣回答：「自然裡哪有什麼原則啊！」

就創作的態度而言，法國思想家蒙田也曾提出與畢卡索一樣的概念。創作中的蒙田說，他不需耗費心思，而是順其自然，無論何時何地，只要腦海中一出現新的想法，他都會先累積起來，然後自然地應用在適宜的作品中。

蒙田的想法正與畢卡索不謀而合，也與今天的生活概念十分契合。

現代社會的快速變化，讓人們經常面臨著「不知該怎麼適應變化」的苦境，當下有人選擇保守跟風，有些人則一味地學習模仿，看似改變，實則卻是畫地自限而不知。

生命本身有其無可限量的爆發力與創造力，我們不應該囿限於既定的規矩之中，人們怎麼看待始終是另一回事，因爲人的價値不應該來自他人的評定而是你對自己是否有絕對的自信！

一度煩悶訴苦的畢卡索，雖然曾對當下潮流，以及社會對其創作的不見容感到憤憤不平，然而他卻從未放棄自己，依然堅持「自然自我」，他的立體畫一般，正是在這樣的自我肯定下引領起風潮。

不過，據說這個獨特創新的繪畫技巧，曾經鬧出一個政治笑話。

有一回，斯特拉文斯基造訪羅馬和那不勒斯時，在旅行中結識了大畫家畢卡索，兩個人在車上接觸後即展開交談，由於相談甚歡，這讓兩個人在這個短暫的行程中很快地結為密友。

臨別前，畢卡索還特別為斯特拉文斯基畫了一幅肖像畫以作留念，不過未料卻為斯特拉文斯基帶來了麻煩。

當斯特拉文斯基準備回瑞士時，海關人員正巧抽檢到他的行李，並一眼盯上了皮箱裡的這幅立體畫作。

「咦？這上面畫的是什麼？」海關人員取出「圖畫」，並以非常嚴肅的眼光盯住斯特拉文斯基。

這樣嚴厲的眼並沒有嚇到斯特拉文斯基，只見他坦然且自豪地回答：「這是畢卡索為我畫的肖像畫。」

「怎麼可能！這看起來就像某個區域的平面圖，根本不像個人！」海關人員仍然厲聲質問著。

「是真的，這是我臉部的平面圖。」斯特拉文斯基說。

但是，不管斯特拉文斯基怎樣解釋都沒用，負責的海關人員堅持要將這幅畫作沒收，因為他們一致認定：「這其中肯定暗藏著某種戰略，這一定是張偽裝過的軍事平面圖。」

這消息傳到了畢卡索的耳裡，卻讓他十分開心：「看來，我真是個糟糕的畫家，不過倒還不失是個出色的軍事家嘛！」

如果是你，你會怎麼處理或看待這件事呢？是怒斥海關人員不懂欣賞？還是哀怨著創作的孤獨？

不受限制的創作是最具魅力的，也是件很快樂的事，不管人們怎麼解析詮釋，反正我們只管盡情發揮便是，然後我們就能和畢卡索一樣幽默地自我解嘲，自信面對！簡言之，順其自然地發揮你的獨特性，流行風向自然就會跟你同行，仔細想想，那些被稱爲「流行教主」的人物，不正是以其獨特且自然的個人特質，引領未來風潮的嗎？

用幽默化解心中的不滿

能幽默面對，也懂得巧妙轉移，不僅能緩和了我們正要燃起的怒火，更能免除許多不必要的對立和爭執。

德國著名畫家門采爾其實長得又矮又小，長相也頗為醜陋，每當他聽見有人在嘲笑他時，他總是會怒不可遏地斥喝對方。

有一次，門采爾正在一間餐廳裡吃飯，不久走進來了三個外國人，他們是一位女士和兩位先生，並在門采爾旁邊的一張桌子坐下。

門采爾隨意地抬起了頭，看了看身邊的外國人，卻發現那個女士正與另兩個同伴咬耳朵，接著，三個人的目光同時投向門采爾並仔細地打量了一番，隨即竟格格地笑了起來。

門采爾見狀，知道對方正在嘲笑自己，登時滿臉漲紅、火冒三丈，不過，這一次門采爾並沒有立即上前理論，反而拿出了隨身攜帶的素描本，裝模作樣認真地畫起畫來。

只見門采爾一邊畫著，一邊則不時地望著那名女士，這個動作令那位女士感到很不舒服。

女士心裡不禁這麼想：「剛剛才嘲笑過這個怪人，如今他卻注視著我，似乎正在為我作畫，該不會有什麼企圖吧？」女士的眼神有些慌亂，不過門采爾卻沒有讓她的目光擾亂，依然神情自若地繼續塗畫著。

這時，其中一個男子站了起來，並對著他說：「先生，

我絕不允許你畫這位女士。」

「女士？這哪裡是一位女士呢？」門采爾邊說還將素描本遞給他看。只見那位先生一看，隨即道歉聲連連，然後便匆匆坐回原來的位子。

你是不是正好奇著，爲何會是這樣的結果呢？

原來，門采爾裝模作樣畫的是一隻引頸大叫的肥鵝。畫中的鵝當然別有寓意，只是這群外國遊客並不知情，這「鵝」字在德語中其實是個罵人的話，意思是：「蠢女人！」

不易控制的個人情緒，常成爲人與人之間交往的障礙，所幸多數人在處理人際問題時，都沒有忘了「以和爲貴」的重要性，就像門采爾一樣，情緒高張的時候仍能自制按捺，沒有大聲斥喝，只有幽默嘲諷。

問題是，要怎樣才能做到罵人不帶髒字？

這當然得靠你的智慧巧思了，好像門采爾的回擊方式一般，心裡明明惱恨著對方的異樣眼光，但他沒有以情緒回應，只有幽默借喻、巧妙宣洩，快樂地宣洩了心中的不滿。

人與人之間的交流的確很需要這樣的應對智慧,能幽默面對,也懂得巧妙轉移,不僅能緩和了我們正要燃起的怒火,更能免除許多不必要的對立和爭執。

托爾斯泰曾說:「憤怒對別人有害,但憤怒時受傷最深的乃是本人。」

我們都知道,硬碰硬只會落得兩敗俱傷,誰也佔不到便宜。其實,隱忍退讓不代表懦弱怕事,情緒衝動反而更容易壞事啊!

雖然門采爾的寄託借喻仍含著情緒,但這總算是修養性情的開始,因爲懂得援引幽默的人,正代表著他已經懂得凡事輕鬆看待與看淡的智慧。

不要從偏執的角度看事情

凡事若只從我們自己的角度看待，很難不會有偏見的，當別人從他們的角度來看相同的事件時，也很難看見我們所盼望和需要的。

威廉．布萊克是英國著名的版畫家兼詩人，大半生都是在製作鋼版插圖和詩歌，雖然他在生前並不被重視，不過後人對他的評價極高。

就像許多藝術家一樣，布萊克對於藝術世界的迷戀近乎癡醉，不僅經常沈湎其中，甚至經常忘記現實世界的存在，忘了自己依然生活在人世間。

就像有一天，布萊克和他的妻子凱瑟琳正在花園裡閱讀，兩人模仿彌爾頓《失樂園》中描繪的情景，一絲不掛地坐在他們的花園裡，還忘情地朗誦著

《失樂園》裡的美麗詩句。

就在這個時候，正巧有客人來訪，布萊克聽見敲門聲之時，卻毫不窘迫地對著客人喊道：「請進！這裡頭只有亞當和夏娃。」

因爲能看淡一切世事，不在乎世人的眼光，因而藝術家們的行事作風總是引起一般人的議論，甚至讓人嗤之以鼻。

從一般的道德標準來看，這樣的行爲確實讓人很不以爲然，但是我們若試著從他們的角度看世界，相信我們不難發現其中的坦然與純淨。

曾經有一段時間，人們對於是否

應修正道德標準的問題爭論不休，但始終無法得出結論，究其原因，其實大都出於人們不肯從別人的角度去看事情，多數人總是偏執於從自己的角度去思考。

凡事倘若只從我們自己的角度看待，很難不會有偏見的，換個角度說，當別人從他們自己的角度來看相同的事件時，其實也很難看見我們所盼望和需要的，不是嗎？

以亞當和夏娃爲名，其實是詩人用來化解尷尬的方法，並期待造訪者能試著交換彼此的生活角度，也能感受他們正迷戀沉醉的世界。

聽著亞當和夏娃的朗讀聲，你是否聽見了原始的天籟？還是，你只看得見「赤裸」這兩個字，卻看不見「自然人身」呢？

先累積實力，再行銷自己

人生沒有取巧的機會，不肯認真努力、累積的人，成功的聚光燈是不可能匯集在他身上的。

有間巴黎廣告公司正在招聘美術設計師，徵才廣告上寫著：「應徵者請寄三件您最得意的近作：一幅素描、一幅寫生和一幅圖案設計。」

幾天之後，公司收到了後來十分著名的雕塑家羅丹的作品，但是裡面卻只有一幅素描和一幅寫生作品。

「咦？怎會缺一幅圖案設計呢？」審核官納悶地想著。

就在這時，有人發現信封裡面還有一張紙條，上面寫著：「我的圖案設計作品就是信封上的偽造郵票。」

看完這則小故事，你是不是也很欽佩大師僞作品中的「眞功夫」呢？

想讓自己突出，紮紮實實的功夫是首要條件，然後實力沒問題後，接下來便是我們創意行銷自己的時候；好像羅丹一般，不選擇一般人的表現方法，偏選「郵票」，這不但表現出羅丹獨特的創意，更能突顯出他的創作功力——一個讓人眞假難辨的眞功夫！

那你呢？當我們氣惱著別人爲何老是不懂得欣賞自己時，有多少人曾自省過，自己的功夫確實紮實嗎？一出手便能一鳴驚人嗎？

另一位藝術大師門采爾曾經給那些只有三分功力，卻老是想得到十分錢的人一個小建議。

有一天，一個初學繪畫的人去拜訪德國著名畫家阿道夫．門采爾，並對他訴苦說：「我真不明白，為什麼我畫一幅畫不消一天的工夫就能完成，但是賣掉它卻要等上一整年呢？」

阿道夫．門采爾聽了之後，建議這個年輕人：「我親愛的朋友，你何不將情況倒過來試一試，如果你肯花一年的工夫去畫它，我相信，這幅作品你不消一天的時間就能賣掉！」

眞功夫是假不了的，虛晃的假功夫更是眞不了，對那些成就非凡的創作者來說，生活中吃苦的機會往往比成功時候多；雖然日子很苦，但是他們仍能將苦食材調出好滋味，這其中的烹調技巧與天分無關，只與他們長年積累的經驗以及踏實創作的堅持有關。

一如阿道夫．門采爾給朋友和你我的建議：「人生沒有取巧的機會，不肯認眞努力、累積的人，成功的聚光燈是不可能匯集在他的身上。」

2. 用幽默化解窘迫

擁有灑脫且自信的風采，
除了用心感受、體會生活之外，
更要培養寬廣的心胸，
如此就能擁有滿是陽光微笑的生活了。

用直接的方法擊退冒失鬼

當他人的行為態度讓我們感到不適時，不妨適時地提出自己的觀感，這不僅能顧全自己的感受，更能讓對方知道那是你不喜歡的行為。

被稱為「瑞典夜鶯」的國際知名女高音珍妮．林德，曾經在美國演出時遇上了一個突發狀況。

某天夜裡，有一群人忽然敲開她的房門，不過林德倒沒被嚇到，反而很鎮定地問：「你們要幹什麼？」

「沒有，我們只是想看妳一眼。」其中一個人說。

「這樣嗎？好，看清楚了，這是我的正面！然後……」林德忽然轉過身，接著說道：「這是我的背面！好了，你們可以去告訴其他人，你們已經見過我了！」話一說完，她便將門猛地關上。

「轉個圈，就能把冒失鬼擊退！」這是珍妮．林德的親身體會，也是她要教導老是被冒失鬼莫名騷擾的人的絕妙辦法。

無論是在職場上還是生活中，即便我們不是名人偶像，還是會遇到一些不懂基本禮貌的人騷擾，他們常常無視於別人的感受，更不管對方是否可以接受，總把冒犯別人的行爲視爲不拘小節，或是當人們指責他們不懂尊重時，卻把瀟灑大方當作託辭。

遇到這類人時，我們大可不必爲對方留情面，因爲若不能直接指正或是直接拒絕，

而是用委婉或柔性的勸說，恐怕很難看見效果，甚至會爲自己招來更多麻煩。

美國演員霍莉迪也曾遇過類似的麻煩，當時她正是用直接的方法處理的。

在一次電影招待會後，霍莉迪發現有個好色的製片商人，一直緊盯著她那豐滿的胸部，甚至當她瞪著他時，那個商人仍捨不得移開視線。

這時，霍莉迪突然向他點了點頭，然後忽然轉過身去，似乎在撫弄她的胸膛，接著她又轉身，並從容不迫地走到商人面前。

「喂，給你！我想這是你想要的東西吧！」

你認為那是什麼東西呢？是霍莉迪的「胸罩」啊！

商人一看，臉上登時變得火紅，似乎完全被嚇著了，身子還有些顫抖，人說「有色無膽」的傢伙大概就是像他這樣的吧！

霍莉迪和林德一樣勇氣十足，她們智退冒失鬼的方法雖然直接，但未嘗不是一種解決辦法。

我們總說寧願少交一個朋友，也不能多樹立一個敵人，然而有些非常情況就不宜這麼思考，何況敵人哪有那麼容易樹立？

事實上，我們越是能表明心中的想法，就越能讓人了解我們的爲人，而明白了我們的爲人處事態度，反而更容易得到願意和我們眞心相交的朋友呢！

想要提昇自己的處世競爭力，做人做事不一定要八面玲瓏，但是，一定要講究策略和技巧，幽默的談吐和積極的機智不只可以替自己解圍，同時也可以是和別人輕鬆溝通的工具。

所以，當他人的行爲態度讓我們感到不適時，不妨適時地提出自己的觀感，這不僅能顧全自己的感受，更重要的是，能讓對方知道那是你不喜歡的行爲、動作，讓他們知道你的感受後，從此不再犯錯。

用幽默化解窘迫

擁有灑脫且自信的風采，除了用心感受、體會生活之外，更要培養寬廣的心胸，如此就能擁有滿是陽光微笑的生活了。

薩拉．貝因哈特是位十分迷人的法國女演員，據說她的私生活與舞台上一樣戲劇化，大膽、潑辣且不拘小節的個性，也經常讓她飽受衛道人士的攻擊。

像在美國，就有一位傳教士大罵貝因哈特：「她根本是個惡魔，而且是一個源自巴比倫傳說中的女魔頭，是來腐蝕、污染我們純淨的美國大地的。」

貝因哈特聽說後只是笑一笑，然後很溫和地寫了一封信給那位傳教士，上面寫著：「親愛的表演者，我真的不明白您為什麼要這樣猛烈地攻擊我。您知道嗎？

我們同樣從事表演工作，您身為一個演員真不應該讓另一個演員這樣難堪啊！」

這封信一出，貝因哈特受到的批評和攻擊非但沒有減少，反而樹立了更多敵人，可以說幾乎全美國的傳教士都與她結下了不解之仇，甚至傳教士們在傳教時，都會提醒美國民眾：「薩拉．貝因哈特是來自巴比倫的娼妓，你們要小心，千萬別被誘惑了。」

但是，傳教士們的羞辱與謾罵非但沒有讓美國人民厭惡她，反而讓他們對這個女演員產生更大的好奇心，還有人開始迷戀起她呢！芝加哥主教知道後非常生氣，連忙寫了份措辭尖苛的攻擊文

宣，並印發給所有民眾。

聽說這件事後，貝因哈特委託她的經紀人送一封信給芝加哥主教，裡頭是一封信和一張銀行匯票。

信上，她是這麼寫的：「主教大人，我即將到芝加哥演出，按慣例，我得再花四百塊美金做宣傳廣告，不過如今您已經幫我做了一半的宣傳工作了，因此，我特地匯二百塊美金回贈貴教會。」

面對人們無情的攻擊，聽見人們惡意的詆毀，大多數人都會暴跳如雷，更堅持要用強烈的反擊攻勢，但是貝因哈特卻不願這麼做，因爲她知道面對批評時，反攻的力道越強，人們再反擊的力量也會越強，因此與其永無止盡地對抗，不如輕看、淡忘，或是坦然面對與迎接。

於是，我們先是看見她微笑應對，大大地顯現出她的才智，後來再見她主動出擊的策略，更以灑脫優雅的處事風采爭得人心，這種智慧與態度實在令人激賞。像這樣的應對機智，似乎是藝人們天賦的本事，像美國影星卡羅爾．錢寧也曾有過類似的表現。

多數藝人的付出常常超出我們的想像，而他們專業態度更是不容輕視和忽視，就像美國影歌雙棲明星卡羅爾・錢寧，便是從歌廳裡的小歌星當起。

當時的她便已展露出絕佳的表演天分，因而在小歌廳裡累積出不少支持者。為了能與樂迷有多一點互動，她在表演節目中安排了一段很感性的時間，在這個時間內，聽眾可以即興向卡羅爾提出一些問題。

有一回，有人問她：「妳還記得那個最令妳窘迫的時候嗎？」

「是的，我當然記得！」在這個簡潔有力的回答之後，卡羅爾便笑著說：「好，下一個問題！」

沒有其他回答，只有「記得」兩個字，即使觀眾問題的要點不在此，但是對錢寧來說，只要「記得」曾經的過去就好，其他的，無論是流過多少汗水還是淚水都不重要了。

從貝因哈特和卡羅爾機靈的反應中，我們也看出了她們看待自己人生的態度，其實藝人們在歷經重重困苦後，面對生活中的一切，孰重孰輕，往往比一般人更懂得選擇。

那麼，你從她們身上得到了多少啓發呢？想像她們一樣，擁有如此灑脫且自信的風采，除了用心感受、體會生活之外，更要培養寬廣的心胸，如此就能擁有滿是陽光微笑的生活了。

讓自己的心境保持年輕

有人選擇感慨青春不在，也有人會選擇依舊樂觀面對；生命沒有真正「老了」的時候，只要你能給自己一個「年輕」的希望。

據說，法國女演員貝因哈特晚年時變得十分安靜，不太喜歡吵雜，因此選擇了巴黎一處公寓休養，並選擇住在樓層最高的那間房間。

有一天，有位年事已高的老影迷前來探望她，只見他萬分辛苦地踩著一階又一階的樓梯，最後總算氣喘吁吁地出現在貝因哈特家門口。

貝因哈特開了門，卻見這個老影迷仍大口地喘著氣，等他稍稍恢復一點力氣後，有些埋怨地說：「夫人，您為什麼要選擇這麼高的地方啊？」

貝因哈特笑著說：「喔，我親愛的朋友，因為這是唯一能讓男士們看見我之時，仍然能怦然心跳的好辦法，不是嗎？」

如此瀟灑自信的應對，讓人似乎親眼看見貝因哈特迷人的巨星風采，也似乎歲月從未帶走她年輕的心，她的答話依然那樣青春洋溢，一樣充滿著逗趣與機智。

這一點法國歌手莫里斯·謝瓦利耶和她一樣，當面對人生的尾聲時，似乎仍有著無限的活力和幽默風趣。

當年，已經七十好幾的法國歌手莫里斯．謝瓦利耶，正在後台和喜劇演員菲爾．西爾弗聊天，就在這個時候，走進了一群十分漂亮的年輕女演員，嘰嘰喳喳地從他們的身旁走過。

謝瓦利耶看著她們的身影，忍不住搖搖頭嘆了口氣說：「唉，要是我再老二十歲就好了！」

「嗯？你的意思應該是再年輕二十歲吧？」西爾弗不解地問。

謝瓦利耶搖了搖頭說：「不，如果我再老二十歲，那麼我看見這些年輕女孩就不會再感到心煩了。」

雖說「再老二十歲」裡有著有心無力的感慨，不過，其中嘲弄自己如今年事已高，卻仍然對女孩們動心的幽默自嘲，其實滿是人生通透看待的心得啊！

從兩位老演員的表現中，我們也看見了他們對生活仍然充滿活力的心態，回到我們自己的生活中，你是否也像他們一樣，依然保持著年輕活力呢？

西爾弗的不解代表他不知道樂觀生活的定義，而謝瓦利的「再老二十歲」

便是解答：「未來未知，因而我無法確定二十年後的情況，然而在當下，我仍然可以確定自己的心仍是活的，更能確定這顆心仍是熱騰騰的，所以與其感嘆逝去的青春，不如把握當下，積極往前看吧！」

有人會像西爾弗一樣，選擇感慨青春不在，也有人會選擇和貝因哈特和謝瓦利一樣依舊樂觀面對；換句話說，生命沒有真正「老了」的時候，只要你能給自己一個「年輕」的希望。

運用智慧突破重圍

遇到麻煩別再等他人幫忙，因為你一定能為自己解圍的，只要你的思考多變化、多變通，自然不會再有坐困愁城的窘況了。

奧地利作曲家約翰・史特勞斯到美國演出後，立即擁有了許多樂迷，而且他高大俊美的身材和紳士風采，以及他那捲曲且飄逸的長髮，更是迷倒眾生。

有位婦女甚至還想盡辦法向史特勞斯要得一束長髮，消息傳開後，人們紛紛向他索取頭髮作為紀念。

一時之間，樂迷們居然掀起了收藏「史特勞斯頭髮」的熱潮，而疼愛樂迷的史特勞斯也不負眾望，一一滿足了他們的要求。

不過熱潮剛起時，有不少朋友十分為他擔心，他們擔心史特勞斯一時與起，大方滿足了他的樂迷，卻讓原來最迷人的長髮變成一堆雜亂無章的短毛。

因而在他離開美國時，有不少人前來送行，其中便有許多關心他頭頂是否變樣的朋友們。這時，史特勞斯戴著帽子出現了，人群中有人便說：「唉，為什麼要送人頭髮呢？」

就在這個時候，史特勞斯忽然摘下帽子，然後揮著手向樂迷告別。在此同時，他們也看

到了：「咦？他的長髮還好好地長在頭上啊！該不會他有什麼保養秘訣吧？」

其實，史特勞斯根本沒有什麼秘方，如果人們眼尖，肯定能發現他抵達美國時帶來的一隻長毛狗，如今只剩一身短毛了。

想像「長毛」變「短毛」，再想像樂迷們如獲至寶般的喜悅，你是否已經笑得不支倒地了呢？

追星族的癡迷和史特勞斯的機智形成了強烈的對比，這不算是欺瞞的行爲，一切不過是個單純的供需關係，也算是你情我願的互動結果。

而且從這解決問題的巧思中，史特勞斯其實也給了我們一個爲自己解圍的方法，那便是：「遇到麻煩別再等他人幫忙，因為你一定能為自己解圍的，只要你的思考多變化、多變通，自然不會再有坐困愁城的窘況了。」

在這方面，音樂家布拉姆斯也有同樣的智慧，向來以抒情樂曲見長的他，譜出的每一個音符都像包含了某種魔力似的，總是讓聆聽者感動不已，甚至令年輕女孩們爲之陶醉著迷。

有一回，布拉姆斯剛表演完下台休息時，才一坐定位，立即就被一群喜愛他的女樂迷團團圍住，她們熱情地讚美他的創作，有些女孩還不時搔首弄姿地想引起他的注意。

然而，面對這樣的「盛況」，布拉姆斯可是一點也不覺得愉快。因為，這群女人們嘰嘰呱呱的聲音，擾得他心煩氣躁，雖然他好幾次想藉故脫身，但始終無法突破「重圍」。

最後，布拉姆斯只得無奈地取出一根雪茄，然後大口大口地抽起煙來。這一招果然立即見效，因為濃烈的煙味和煙霧讓她們非常受不了，有個女孩便忍不住嬌嗲：「真正的紳士不應該在女士面前抽煙的喔！」

只見布拉姆斯的嘴角微揚，依舊老神在在地繼續吞雲吐霧，然後淡淡地說：「妳們忘啦！有漂亮天使的地方就應該要有祥雲繚繞的景象呀！」

好一個「天使」配搭「祥雲」的理由，為了突破衆天使的「重圍」，找到一個可以輕鬆自在的呼吸空間，布拉姆斯最後想出了先「破壞空氣」再換「新鮮空氣」的絕妙辦法。

從「圈圈中央」飄散出裊裊煙霧，每一個女樂迷必定都會呼吸到這嗆鼻的煙味，但是提出抗議聲時，聽見自己被布拉姆斯形容爲「天使」後，又有誰會責備他的不是呢？

於是，煙霧慢慢散開之後，忍受不了煙味的人只得慢慢地跟著「散開」，散到可以呼吸新鮮空氣的地方，至於布拉姆斯，當然也借著這些「祥雲」突破重圍囉！

看完這兩個風趣幽默的解決辦法後，你是否也學會了怎麼替自己解圍呢？

小心說話，不如用心說話

用心話說比小心說話更為重要，用心，人們自然會聽出你的溝通誠意，還會看見你樂觀積極的人生態度，和那份堅定無比的自信。

十八世紀後期，英國最有成就的喜劇大師謝立丹，在演出第一部喜劇《情敵》時，應觀眾的要求再次上台謝幕。然而，就在他走到舞台中央時，有位坐在劇場包廂裡的客人對著他喊道：「這個戲劇實在糟透了！」

謝立丹先是給了對方一個九十度的鞠躬，然後微笑地說：「親愛的朋友，我完全同意您的看法。」

然後，他邊聳聳肩，邊指著台下還在熱情地鼓掌叫好的觀眾們說：「不過，我們只有兩個人，恐怕影響不了這麼多的觀眾，更撼動不了本劇在他們心中的好壞，是不是呢？」

他話一說完，劇場內立即再次響起如雷的掌聲。

看見謝立丹所展現的機智轉移，你是否也忍不住鼓掌叫好了起來呢？

公眾人物聽見批評的機會比一般人多上千倍萬倍，因而他們也比一般人更懂得如何看淡，更知道怎麼將問題四兩撥千斤地化解，又或是像謝立丹一樣，以無比堅定的自信臉龐尋找支持他的人，一同反擊那些無情的批評。

回到我們生活中，無論是在日常生活中，還是在競爭激烈的職場上，我

們必定會遇到與自己相反意見的人，或是一些老愛批評的上司，遇到這樣情況的時候，你都是怎麼解決、面對呢？

除了微笑裝傻之外，我們還可以學學謝立丹，謙虛接受人們的批評指教，也虛心聆聽不同的聲音，然後再冷靜思考對策，我們一定能想出一個可以保全對方面子，又能爲自己爭回肯定掌聲的好方法，就像美國鋼琴家波奇在某次演出時的表現一樣。

有一年，波奇來到密西根州的某個城市登台表演，然而當鋼琴家一踏上舞台，眼前的景象卻讓他十分失望，因為現場座位居然坐不到一半。

當然，對音樂家來說，就算只有一個人來聆聽他的演出，他一樣會盡力表現，絕不讓人失望。

於是，波奇緩緩地走到舞台中央，然後對台下的觀眾們說：「你們福林特城的人一定非常有錢，因為我發現，你們每個人居然都買了兩個座位！」

話才剛落，全場登時歡聲雷動了起來。

原來可能變成嘲諷的話，在波奇巧妙地用字後，變成了一句給願意來聆聽他演奏的樂迷的肯定，這就像是以經濟艙價錢換得了坐頭等艙機會般的比喻，樂迷們聽了當然十分開心，更重要的是因為有這樣的機會，他們才能欣賞到鋼琴家的幽默機智。

能否用心話說比是否小心說話更為重要，因為很多人只知道小心提防，卻不知道怎麼用心說話。

其實，若能用心，我們自然不會老說錯話；懂得用心，我們便會期許自己能把每一句都說進人們的心坎裡。

更重要的是，用心，人們自然會聽出你的溝通誠意，還會看見你樂觀積極的人生態度，和那份堅定無比的自信。

懂得反省才能有所前進

別再暴跳如雷地大聲抱怨，而是該反省自己，仔細想想自己到底出了什麼問題，又有多少不如人的地方，如此才能有所進步！

以演出莎劇聞名的英國演員兼劇團管理員赫伯特·特里，有一回在排練時，演員們的情況非常不順利，總是無法達到要求。

只見他皺著眉站在舞台上，又忽然指著一名年輕演員要他向後退幾步，這位演員也乖乖地退了幾步。

但是，過了一會兒，特里又喊卡了，只見他有些生氣地對著那個年輕演員說：「請再後退一點。」

這位演員乖乖照辦後，排演才又開始進行，但是才進行沒幾分鐘，特里又喊了第三次暫停，排練再度停頓，且他仍然對著那個年輕演員說同一句話：

「還要再向後退一點！」

「先生，我再往後退，就要退到後台去了！」年輕演員忍不住抗議。

沒想到特里卻說：「對，這就對了！」

累積幾分實力才能揮發幾分功力，雖然這個道理我們都知道，但就是有許多老人搞不清楚自己有幾兩重，就好像故事中的年輕人一般，始終不知道自己的問題在

哪，即使特里已經發出了警告，依舊毫無警覺。

據說，羅西尼也曾遇到像這樣搞不清楚自己才能的作曲家。

那是一位義大利的年輕作曲家，他來請羅西尼幫他聽一聽他的新作品。只是，當羅西尼安靜聆聽他的演奏時，不知道何故，竟不斷地將自己的帽子脫了又戴、戴了又脫。

演奏完畢時，這位年輕作曲家忍不住問道：「先生，您為何要不斷地脫帽又戴帽呢？」

羅西尼微笑著說：「這是我的習慣，每當我遇到『老相識』的時候，都會脫帽打招呼一下。」

從一「退」再「退」的指示中，我們要學會看見問題或危機；在觀察到一「脫」再「脫」的小動作時，我們要能看懂立即停止曝短的暗示。

在舞台上，每個表演者都有一定的位置，換句話說，在原來安排的位置上，一再地「往後退」，且空下來的角色也一再被別人取代，那不正代表你的「能力」有問題，所以才會一退再退嗎？

又如作曲家一樣，聽不出自己作品裡的模仿、抄襲痕跡，不知道自己的創作完全與人相仿，那不正代表你的能力有限、實力有問題嗎？

所以，當你被調降職位時，就別再暴跳如雷地大聲抱怨，而是該反省自己，仔細想想自己到底出了什麼問題，又有多少不如人的地方，如此才能有所進步，也才有機會當上第一主角啊！

用機智回應別人的諷刺

日常生活中，我們難免會遇到一些人總愛給人冷言冷語，更愛將人貶低，但無論如何，請別為了這樣缺乏風度的話語動怒。

英國女星布蕾斯韋特不僅長得漂亮，演技更是精湛，不過她還有一樣令人拍案叫絕的本事，就是她靈敏的反應和伶俐的口齒。

有一回，影評人詹姆斯．埃加特巧遇布蕾斯韋特時，故意對她開玩笑地說：「親愛的布蕾斯韋特小姐，我有一句話已經擱在心裡好多年了，請您允許我今天把它說出來吧！」

布蕾斯韋特點了點頭，埃加持接著說：「嗯，請原諒我的坦白，其實就我看來，您的美貌在本國真的只能排在第二位而已。」

埃加特的神情看起來十分得意，以為自己已經佔到便宜了，也以為布蕾斯韋特聽到這話後，一定會問他第一名是誰。不過，埃加特心中的「以為」全都未實現，而且布蕾斯韋特的回應完全出乎他的預料。

只見布蕾斯韋特輕聲地說：「埃加特先生，謝謝您的評論，能在二流的評論家嘴裡聽到這樣的評價，算是不錯的了。」

想佔人便宜，就得先估估自己的實力有幾兩重，好像埃加特一樣，想開玩笑卻找錯了對象，以爲機智暗貶，結果卻成了他有失紳士的表現。那句看似玩笑卻暗藏詆毀傷人的隱喻，聰明如布蕾斯韋特當然一下子便聽出來了，於是布蕾斯韋特一樣以「第二」回應他，埃加特的專業登時被她狠狠地降了一級。

想爲自己爭取地位和尊重，不能光靠口舌之爭，還要懂得運用你的腦袋，就好像擁有作家身份的美國影星克妮莉亞．奧蒂斯．斯金納，也曾用她聰明的腦袋爲自己扳回一城。

曾演出多部名著的她，因爲精湛的演技讓原作中的角色活靈活現，讓她在影壇上很快便佔有一席之地。不過她曾與蕭伯納鬥智的戲碼，卻是影迷們茶餘飯後最常提出來談論的話題。

據說斯金納還很年輕的時候，很努力地為自己爭取到演出蕭伯納撰寫的《康蒂妲》劇中主角的機會。當時她雖然還很年輕，不過這一次表演證明了她專業且精湛的表演天分。

演出結束後，蕭伯納發了封電報給她：「真是最好的，最偉大的。」

雖然這兩句讚美詞並未指名，但斯金納認為這是劇作家對她的嘉勉，因而匆匆地寫下一行字回電給

他：「這麼樣的讚美實在是過獎了。」

沒想到，第二天蕭伯納又發了封電報：「我指的是劇本。」

斯金納小姐也再回一封電報：「我指的也是那本東西。」

不知道蕭伯納是有意考驗斯金納即興反應的才智，還是大劇作家對自己的作品太過自滿，不過從這幾封電報中，我們便能看見斯金納的聰明回應。她並未讓蕭伯納有嘲諷她的機會，一句也是指那個「偉大劇本」的回應，充分展現出她的機智與風趣。

日常生活中，我們難免會遇到一些像這樣的人，總愛給人冷言冷語，更愛將人貶低，但無論如何，請別爲了這樣缺乏風度的話語動怒；你聽，布蕾斯韋特和斯金納正異口同聲地說：「何必為了一句會隨風飄逝的話傷心呢？反正別人的否定永遠贏不了你給自己的肯定，所以不如就微笑回應吧！其他的只要聽聽就好，因為風隨時都會把它帶走的。」

努力就是通往成功的秘技

人生的路靠我們自己走，成功的機會更得靠我們自己去尋找，唯有付出了汗水，才可能逐漸邁向成功。

能成為海頓的學生，對莫札特而言是一種幸福，因為他的才華從未被壓抑，雖然他常常挑戰老師，但海頓從未擺過老師的架子，反而大方接受他的挑戰，即使輸了，也不吝於讚揚弟子的才華。

某一次，莫札特又胸有成竹地和老師打賭說：「老師我能寫出一首連您也彈不出來的曲子。」

海頓懷疑地說：「不可能！」

只見莫札特用不到五分鐘的時間，匆匆就將樂譜的手稿完成，然後立即呈到海頓的面前。

海頓拿到了譜，立即演奏起來，然而他彈奏了一會兒後，忽然驚呼道：「這……怎麼可能，我兩隻手已經分別在鋼琴的兩端彈奏了，這裡怎麼還多了一個在鍵盤中間的音符呢？孩子，這誰也彈不了啊！」

這時，只見莫札特微笑坐到另一台鋼琴前，一樣流暢輕快地彈奏著，當他彈到那個音符時，卻見他彎下身來，竟是用鼻子彈出了那個音符。

海頓一看，哈哈大笑地說：「好啊！」

人們稱莫札特是音樂神童果真沒錯，這個用鼻子彈琴的動作，充分展現出神童的音樂創意，那不僅充分發揮在五線譜上，更發揮在他的表演技巧上。畢竟，誰說彈琴只能用雙手，鼻子用力一點，一樣能彈奏出音符啊！

事實上，這世上沒有眞正的天才，所謂的天才也是經年累月努力出來的結果。或許，我們可以這麼說，神童的超強領悟力也是經由他們努力學習得來的，像那些一口氣就會背誦各國語言，或是能記憶一首又一首美麗詩句的孩子，他們每人花費在學習單字和詩句的時間，往往都比那些被說是資質平常的孩子們多上好幾倍啊！

「想當天才，你就要先問自己，為了天才之路下了多少功夫！」這是莫札特給一位年輕作曲家的建議。

因為對他來說，成功機會仍得靠自己去尋找，因而當年輕人問他：「要怎樣才能寫出交響樂啊？」

莫札特頓了一下才答道：「你還年輕，現在寫交響樂還太早了，何不先從敘事曲開始呢？」

年輕人頗不以為然地說：「您說我太年輕了，可是您開始寫交響樂的時候不是只有十歲嗎？」

「沒錯，不過我當時從未向任何人詢問寫交響樂的方法啊！」莫札特說。

每一個天才都比普通人更加明白一分耕耘一分收穫的道理，換句話說，天才沒有你我想像中那麼神奇，所以別只看見天才成功時的光環，更要明白他們背後的努力和付出。

人生的路靠我們自己走，成功的機會更得靠我們自己去尋找。別再問方法該怎麼尋找，因爲答案就在你心裡，只有你清楚知道，到目前爲止你走了多少路，流了多少汗水；唯有付出了汗水，才可能逐漸邁向成功。

找出激勵自己的生活動力

激勵生活的目標並不難找，勉勵自己努力達成這個目標，如此一來，自然就時時都有努力奮鬥的動力了。

英國喜劇演員愛德華・舒特的妻子在洗衣服時，發現丈夫的襪子竟破了一個大洞。只見她怒氣沖沖地拿起襪子，對著先生罵說：「你怎麼不早點說呢？小洞我還比較好縫補，現在這個破洞已經變得這麼大了，很難補啊！」

沒想到舒特卻這麼回答：「妳知道嗎？就算有二十個破洞，我也不希望妳動手將它補好，對我來說，這破洞不過是某一天我出了點意外，不小心將它弄破的，可是一旦出現了縫補的痕跡，便代表著貧窮的日子即將來到啊！」

這或者正是舒特用來激勵自己的方式，因爲不願意認命，也因爲他對未來一直懷抱著希望，更相信自己定有擺脫貧窮的能力，所以他要自己忘記眼前破落的窘況。

換個角度說，每個人都一定會有個激勵自己的方式或目標，或許對你來說，縫補襪子的動作代表惜物、感恩，與鬥志無關，但是對舒特來說，那卻是提醒他脫離「貧困」的叮嚀：「不想穿破襪子、不想沒襪子穿，那麼你就要更加努力，以突破眼前的困境！」

了解舒特勉勵自己的方式後，你是否也忍不住思考著：「那麼推動我向前邁進的動機和動力是什麼呢？」

在你思考的時候，我們再來看看賦予布拉姆斯生活

動力的目標是什麼。

常有人說藝術家是自我又孤僻的，但這一點肯定不屬於布拉姆斯，出身窮困的他，因為父母親將擺脫貧困的希望全寄託在他身上，因而孝順的他為了幫助家計，幾乎將辛苦賺得的錢全都交給了父母。

但布拉姆斯賺來的錢畢竟僅是杯水車薪，再加上家人們不善理財，花錢始終不懂得用在刀口上，以致於家境時常處在入不敷出的窘況。

有一天，布拉姆斯要到外地演出，恐怕要好一段時間才能回來，於是特地對父親說：「要是您遇到不順心的事，我相信音樂會是最好的慰藉，所以，如果真有這樣的情況，您不妨翻翻我那本《索爾鋼琴練習曲》，相信您的煩惱很快就會消失了。」

沒什麼音樂天分的父親根本聽不懂兒子的話，因而也未當一回事。然而，過沒幾天，他手頭就又拮据了，這會兒忽然想起兒子的話，只好去找出那本練習曲，看能得到什麼樣的安慰，怎料當他一翻開書頁時，竟發現裡頭夾了好幾張可解他燃眉之急的鈔票。

和舒特一樣，貧困的環境也是激勵布拉姆斯「要讓生活變得更好」的誘因，此外，布拉姆斯的另一個動力來源是他的家人，因爲對家人的依戀與關懷，他對怠惰的家人沒有半點怨言，仍然拼了命地賺錢供養家庭。

從以上這兩個例子可以了解，貧困的生活不見得會磨損我們的鬥志，有時反而會成爲勉勵我們努力前進的目標。

事實上，激勵生活的目標並不難找，看看你的生活周遭，看看什麼東西最吸引你，然後積極勉勵自己努力達成這個目標，如此一來，自然就時時都有努力奮鬥的動力了。

3. 幽默應對，就是溝通的智慧

在應對中表現出溝通的智慧，
只要我們肯選取正面的角度，
懂得在生活中多用點幽默和創意，
環境自然會充滿著朝氣和活力。

轉移問題，就能解除危機

許多問題其實都不難解決，人際間的溝通也沒有我們想像中那麼難，想一個人人可以接受的說詞，那些生活難題自然就會遠離我們。

約翰．海沃德爵士在一五九九年出版了一本名為《亨利四世》的著名傳記小說。該書十分暢銷，只是他沒料到這本小說竟會為自己招來殺身之禍，因為當時主政的伊麗莎白女王認為：「這個作者根本是在借古諷今，書中有許多地方根本是含沙射影地抨擊我的施政。」

女王的意見一出，立即引來奉承著的附和聲，於是她立刻召來司法官員，並且要求他們以謀反的罪名起訴海沃德。

與此同時，已經閱讀過《亨利四世》的培根，其實十分明白作者的用心良苦，書中的期望更多於指責。

於是，培根趁著與女王面談的機會，積極說明並分析海沃德作品裡的用心，且小心翼翼地糾正著女王的偏見：「女王，我不敢說書裡是否有謀反的企圖和證據，不過毫無疑問的是，這本書裡確有不少地方犯下重罪。」

「是嗎？何以見得？你快指出那些地方！」女王著急地追問。

只見培根十分認真地說：「是的，我發現他從泰西塔斯（古羅馬歷史學家）的作品中偷了好幾段論述和評論，我認為，光是這個盜用摘錄的情況，便足以讓他定罪。」

將罪責轉到他人或他處的技巧，最常被用在政治環境中，畢竟在那個複雜的鬥爭環境裡，即使是隨口說出的玩笑話，也有可能讓對手找到借題發揮的機會，於是可憐的海沃德因莫須有的罪名入了獄。

幸好，聰明的培根以斷章取義的角度來評論這件事，看似是指責海沃德盜用，事實上卻是輕巧地讓海沃德原本背負的罪名轉移至古代歷學家身上，讓海沃德能洗刷謀反罪名的絕妙方法。

不只培根有這樣的智慧，英國哲學家威廉．休厄爾也是個很懂這類技巧的高手。例如，某天他與維多利亞女王一起遊英國康橋的卡姆時，便曾機智地運用他的幽默感，解決了管理該河道主管的尷尬。

這天，維多利亞女王與眾人在河上的某一座橋上散步時，女王看見河面上正漂著不少廢紙張。只見女王微慍地說：「河面上怎麼會有那麼多廢紙？這裡是誰負責管理的？」

站在女王身邊的官員們一聽，全都噤聲不語，深怕一旦回應，頂上的烏紗帽就要被摘下來了。

這時，威廉．休厄爾出面說：「陛下，它們不是廢紙，因為在那些紙上都寫著這麼一個告示：造訪者敬啟，請勿在這條河中游泳。」

仔細想一想，當你遇到類似的情況時，你會怎麼解決？是否也能像故事中的兩位哲學家一樣，機智幽默地把問題轉移，替人解除危機？

換個角度說，這種能爲他人解除危機的人，常常是最受主管器重的，因爲透過解題技巧，主管最能看出一個人的才能與智慧。

事實上，許多問題其實都不難解決，人際間的溝通也沒有我們想像中那麼難，只要懂得轉個彎，運用機智幽默想一個對方可以接受的說詞，那些生活難題自然就會遠離我們。

自己的身價只能由自己評價

自己的價值無須借助他人證明，對自己的評價也唯有我們自己清楚。對自己生命的評價，褒貶全由自己承受。

到了八十四歲時，法國哲學家伏爾泰已經是個長臥床褥的老人家了，也早已知道自己不久就要與死神相見了。

有一天，一位牧師來到他床邊，輕聲對他說：「請接受我的祈禱，伏爾泰先生，我可以為您預先訂購一張天國的入場券。」

但是，這位生性幽默的老哲學家並不領情，反而盤問起對方的身份：「牧師先生，是誰叫你來的？」

「伏爾泰先生，是上帝派我來為您祈禱的。」牧師說。

「是嗎？那麼，麻煩你拿出上帝給你證件讓我看看，先驗明正身，以防假冒。」伏爾泰說。

已經垂垂老矣的伏爾泰，直到生命的尾聲時，仍不忘掌控自己的生命，這或許是牧師一生中所得到最爲震撼的機會教育吧！

面對死亡，伏爾泰一點也不感到恐懼；或者我們可以這麼想，他對人生終結時要落腳的地方早有定見，天堂也好，地獄也好，對他來說，在活著的當下，自己仍是自己生命中的主人，這才是最重要的吧，至於能不能上天堂，根本就無關緊要。

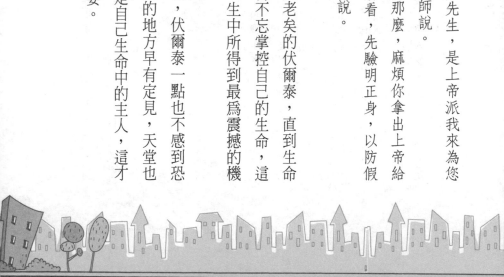

透過老哲學家的身影，我們也明白了，自己的價值無須借助他人證明，對自己的評價也唯有我們自己清楚，一如英國詩人貝恩斯某一天在泰晤士河畔散步時，偶然遇到的深省機會。

當時，河畔忽然傳來一陣驚呼聲，貝恩斯往河面望去，卻見一名男子跌入河底，另一個男子則連忙跳入河裡救人。

被救起的男子看起來是個貴族，因為他身上穿的服飾便能表示他的身份，至於冒著生命危險救他的男子，應當是來自窮苦人家，因為貝恩斯從他身上的打扮便可得知。

「謝謝！這是我的一點點心意。」貴族男子拿出的那份心意果真只有「一點點」，只見窮困男子手中放著的竟然是一枚銅幣；儘管只有一枚銅幣，那名男子依然很有禮貌地說聲：「謝謝。」

窮男子一點也不介意，但圍觀的群眾卻非常不滿，有人怒斥道：「他可是冒著生命危險救起你的，你未免太吝嗇了吧！」

在這不滿的鼓譟聲中，甚至有人還說：「是啊！這樣肚量狹小的人，不如讓他再回到河裡去吧！」

這時，貝恩斯立即上前阻止：「各位，別再理睬這個人了，放了他吧！我想，他應當很瞭解自己的價值。」

機智的貝恩斯在爲貴族男子解圍的同時，也丟出了一道令人深省的人生題目，那便是「只有你最清楚自己的價值」。

如果人們再將那名貴族推入河中，那麼，那名窮困男子原來救助人的那份無價心意便將消失；相對的，貴族男子拿出來的那一枚銅錢，正代表著他對自己生命的評價，其中褒貶全由他自己承受，旁觀人大可不必替他判斷。

再仔細想想伏爾泰的堅持，你給自己的人生評價是否更加確定了呢？

用幽默回應煩人的事情

用一點點耐心面對，所有煩擾的事將轉身變成生活的趣味；只要以一些些微笑面對，所有憂懼的事都能啟迪你的智慧。

法國作家伏爾泰曾經遇到一位十分傾心於他的讀者，該位書迷為了表達心中的仰慕之情，洋洋灑灑地寫了一封長信傾訴他心中的敬仰。伏爾泰讀完信後非常感動，於是也提筆寫了封回函表示感謝。

然而，從這封回信之後，伏爾泰每隔十天就會收到這位讀者的一封信，而伏爾泰也照舊很有禮貌地回覆一封信給這名讀者，只不過回覆的次數越來越多，讓原本好意的互動變成了伏爾泰無謂的負擔。

於是，伏爾泰回覆的文字越來越短，直到有一天，他再也按捺不住脾氣，回覆讀者這麼一行字：「讀者閣下，我已經死了。」

沒想到幾天後，讀者的回信又到了，信裡竟這麼寫著：「謹呈在九泉之下的、偉大的伏爾泰先生。」

伏爾泰一看，立即回信道：「望眼欲穿，請您快來。」

讀到「請您快來」時，你是否也被這位幽默的哲學大師逗得哈哈大笑呢？

這是伏爾泰幽默的解決辦法，哲學家的脾氣雖然已經冒出火光，但是他仍然不忘修養，不以惡言相向，而是以幽默來回應，並暗示那名讀者該停筆了！

換作是你，你會怎麼回應那種棘手的情況呢？

哲學家們的思考角度向來獨特，很少直接給人答案或回應，總是喜歡把問題再丟回人們的手中，讓對方再想一想到底爲什麼。

例如，咖啡癮嚴重的伏爾泰，在聽見好朋友要他戒咖啡後，便曾給他們一個十分巧妙的回答。

有天，有位朋友擔心地對伏爾泰說：「你別再喝這種飲料了，你不知道這是一種慢性毒藥嗎？你現在等於是在慢性自殺啊！」

「嗯，你的確說得對，我想它真是慢性的……」伏爾泰說到這裡頓了一下，接著又說：「不然，為什麼我喝了六十五年都還沒有死呢？」

在會心一笑的時候，你是否和伏爾泰的朋友一樣，可能也正尋思著：「或者，事事沒有絕對？」

閱讀名人們的小故事，總能啓發我們無限的思考，就好像這兩則伏爾泰的小軼聞，便給了我們十分深刻的啓示，讓我們明白：用一點點幽默的心情面對，所有煩擾的事將轉身變成生活的趣味；只要以一些些微笑面對，所有憂懼的事都能啓迪你的智慧。

微笑看待，就能瀟灑自在

生活沒有什麼好氣悶的，人與人之間更沒有什麼好計較的，凡事微笑看待，也微笑面對，自然會展現迷人的風采。

波蘭裔的美國著名演奏家魯賓斯坦，以擅長演奏蕭邦作品而聞名，在國際古典樂壇中，享有極高的聲望。

熟悉他的人總說，不管是在音樂世界中還是在日常生活裡，魯賓斯坦都表現得十分瀟灑自在，這也讓他的人生成為一曲曲輕鬆愉悅的樂章。

以下是一位朋友回憶起某次和魯賓斯坦共進午餐的情景。

當時幾位友人正在餐廳等候魯賓斯坦，正當眾人等得有點心急的時候，他走了進來。看見他那樣輕快矯健的步伐，這位朋友真覺得他年輕了三十歲。

魯賓斯坦匆匆來到，一坐下來便用流利的義大利語點了一杯飲料，點好飲料後，沒忘記向友人道歉：「對不起，我來遲了！」

「沒關係。」朋友們禮貌性地這麼說。

「其實是這樣的，我正在律師那兒立一份遺囑，它足足花了我兩個小時的時間。唉！這種事實在好麻煩，我最討厭這樣的事，又要算帳，又要計劃，還要一個個分配妥當。最後又怎麼樣？我自己可是什麼也得不到啊！」

聽見魯賓斯坦這麼說，在場的朋友們都忍不住哈哈大笑了起來。

幽默風趣和自我調侃常常配合著出現，這不僅能

帶動氣氛，也是最能化解人際間尷尬氣氛的好方法。

在這則軼事裡，音樂家魯賓斯坦的朋友雖然沒有責怪他，但是魯賓斯坦仍不忘發揮幽默天分，緩和了氣氛。

透過魯賓斯坦風趣的回應，我們似乎也看見了這位音樂大師的瀟灑自在。對於立遺囑的態度，魯賓斯坦並不像其他人那樣嚴肅看待；這些繁瑣的手續，更使只喜歡讓雙手在琴鍵上忙碌的魯賓斯坦感到困擾，其中或者也表現出他對財富的淡然。

凡事輕鬆看待，我們的舉手投足自然能瀟灑帥氣，生活更是快意輕鬆，關於這一點魯賓斯坦最是明白的。

有一天，他準備在某個劇院裡舉行獨奏音樂會，就在音樂會開始前，魯賓斯坦站在音樂廳的大廳中，靜靜看著大批觀眾走入會場。

這時，有位負責包廂的服務人員卻不認識這名大鋼琴家，還以為眼前的男子是買不到票的觀眾，於是上前提醒他說：「先生，很抱歉，已經沒位置了。」

魯賓斯坦笑著說：「那我坐在鋼琴前面可以吧？」

修養極佳的魯賓斯坦沒有指正服務生有眼不識泰山，而是風趣地提醒他「我的位子就在舞台上」。

想像著魯賓斯坦的親切幽默，隱約間，我們似乎也感受到了音樂大師的修爲，似乎他的一舉手、一投足，都充滿了舒服的音律。

那我們呢？是否也能像大師一樣擁有相同的瀟灑與風采？

當然可以，只要我們不斷地提醒自己：「生活沒有什麼好氣悶的，人與人之間更沒有什麼好計較的，凡事都要微笑看待，也微笑面對！」

如此，我們自然也會展現出與音樂大師一樣迷人的風采與幽默的智慧。

幽默應對，就是溝通的智慧

在應對中表現出溝通的智慧，只要我們肯選取正面的角度，懂得在生活中多用點幽默和創意，環境自然會充滿著朝氣和活力。

戲劇大師卓別林的演技令人欽佩，然而能如此精確地詮釋戲劇裡的幽默趣味，不只是因為他演技上的專業，更因為大師天生的幽默感。

例如，曾經有個初出茅廬的作家前來拜會卓別林，想請這位大師評審一下他寫的電影劇本。

「您的意見如何？」作家謙卑地問。

卓別林仔細翻閱過後說：「嗯，等你和我一樣出名的時候，你才可以寫這樣的東西，至於現在，你得寫得更好才行。」

表達意見的有很多種，不過表達方式不同，效果自然也不同。例如，卓別林提醒對方「等你和我一樣出名時」，比起「你別想靠這樣的作品出名」，不是更爲積極正面嗎？

大多數人都喜歡用直接陳述的方式來表現心中想法，然而說話有說話的趣味，就好像文字一般，除了用來溝通或表達心中想法之外，更具有美化生活的作用，只要我們肯用心構思，所有答話與回應都能滿是趣味，就像卓別林當年與愛因斯坦互通書信時所展現的幽默機智。

由於愛因斯坦非常推崇卓別林的電影，有一次在寫給卓別林的一封信中，這麼寫著：「〈摩登時代〉是世界上每一個人都能看懂的好電影，朋友，你一定會成為偉人的。愛因斯坦。」

卓別林讀完了信，也不忘回信給科學家：「先生，我更是欽佩您，您的《相對論》至今還沒有一個人能搞懂它，但是你已經成為一個偉人了。卓別林。」

讀完兩人的書信，你是否也不禁莞爾呢？

在卓別林的回信中，我們看見的不只大師的幽默、謙虛，還有他的機智與巧思。看似有著反諷意味，其實幽默大師正是透過這樣的表達方式，來讚揚愛因斯坦在科學領域的卓越成就；至於對於偉人之名的看法，他更是淡泊看待，反正他已經相當滿意目前的生活了。

這句看似簡單的回應，其實富含著幽默大師的生活智慧，字字句句都充滿了創意趣味；在與人的應對中，他充分表現出溝通的智慧，這更讓自己與他人的生活顯得朝氣蓬勃。

換個角度說，只要我們肯選取正面的角度，真心期待生活環境能變得更好，更懂得在生活中多用點幽默和創意，周遭的環境自然會如我們所預期的，充滿著朝氣和活力。

一味掩飾，不會增加自己的價值

偏頗地修飾或加料，無法掩蓋真實存在我們身上的缺點！一個不能坦然面對真實自己的人，當然看不見自己的價值。

美國油畫兼版畫大家惠司勒的口才非常好，未成名之前，是專門替人繪製肖像維生的街頭畫家。

不過，與其他畫家的圖相較之下，惠司勒筆下的人物更顯真實，因為他從來不會為了取悅消費者，而故意將人物畫加工修飾，或讓圖畫上的肖像看起來比本人還要漂亮、完美。

透過惠司勒的筆，每人的缺點總是會很清楚地展現在本人面前，因而有一回，他在替人畫完一幅肖像畫後，那個人盯著自己的畫像很久，最後很不高興地質問惠司勒：「你說，你能把這幅畫稱為藝術品嗎？」

惠司勒冷笑一聲說：「你說，你能把自己稱為一個人嗎？」

這是惠司勒給消費者的省思題目，透過藝術家的眼，我們似乎也看見了自己經常犯的錯誤，我們總以爲「美麗」應是完美無缺的，但惠司勒卻不這麼認爲，因爲對他來說，眞正的美是「眞實自然」這四個字。

不知道你喜不喜歡拍照？

很多人爲了拍出最「漂亮」的自己，常常塗上厚厚一層妝，說是爲了呈現完美無瑕的臉；再不然

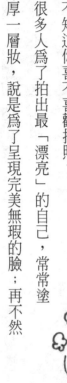

便選取了最模糊的那個焦聚，說是爲了表現朦朧美，最後沖洗出來，卻是一張又一張「不像自己」的照片。

但是，拍照是爲了保存回憶，也爲了記錄成長，就好像過去人們選擇肖像圖畫的目的一樣，偏頗地修飾或加料，無法掩蓋眞實存在我們身上的缺點！

曾有個暴發戶來拜訪惠司勒時，說他要買一些圖畫回去佈置他的會客室，用以展示他高雅的氣質。

然而，這個暴發戶仔細環顧了牆壁上所有的油畫後，最後卻問：「這些畫要價多少錢啊？」

「四百萬！」惠司勒毫不遲疑地說。

「什麼！四百萬！有這個價值嗎？」暴發戶吃驚地問。

「這是我死了以後的價格。」惠司勒冷笑著說。

當我們面對惱人的事情，與其用鬱悶的情緒面對，還不如用幽默輕鬆的心情因應。詼諧幽默是人際互動最好的潤滑劑，當你遇到自己不感興趣的問題、令人尷尬的場面，就越要用極出色的幽默感與對方溝通。

跟著惠司勒的一笑，我們也更加明白了藝術大師的嘲諷：「一個不能從心修養的人，再價值非凡的畫一樣補修不了他的粗鄙啊！」

一個不能坦然面對眞實自己的人，當然看不見自己的眞正價值。

對惠司勒來說，眞正的藝術品是不需要修飾的，因爲即便滿是斑斑點點，只要是自然、眞實的，就已經散發出驚世珍品的光芒了。人也是如此，一味掩飾缺失，並不會增加自己的價值，只有徹底認清自己，改正自己的缺點，才能改變自己的氣質。

與其妥協，不如微笑拒絕

不必要的工作不要胡亂接，不必要的負擔不要隨意挑，與其怨恨氣惱地逼自己妥協，不如微笑地拒絕。

你經常勉強自己嗎？當人們對你有所求時，明明心中極不認同，你還是會逼迫自己接下任務嗎？

雕塑家多那太羅出生在一三八四年，是文藝復興時期的重要藝術大師，在創作出浮雕「佛羅倫薩的聖米凱萊」與青銅像「大衛」之後而聲名大振。

多那太羅成名後，威尼斯的紳士們紛紛前來委託他，請他為隊長達納爾尼（即加塔梅拉塔）塑一座雕像，並且要求他要盡快完成。但多那太羅對此事卻十分苦惱，因為他一直覺得沒有必要這麼做，然而那些紳士們卻天天來請求他，非得要多那太羅為隊長塑像。

某天，這批人再度前來催促，多那太羅的脾氣實在是按捺不住了，只見他忽然拿起了錘子，猛然朝著快要完成的雕像的頭砸了下去，於是「磅」的一聲，塑像的腦袋整個碎裂，滿地都是粉碎了的塑材。

紳士們一看，全都呆住了，一個個張大了嘴，驚訝得說不出話來。不一會兒，有人也拿起了桌上的錘子，然後對著多那太羅的腦袋，作勢要以同樣的方法報復他。

沒想到多那太羅見狀卻絲毫不畏懼，

說道：「不滿意嗎？很好，只要你們可以像我一樣，有辦法重塑加塔梅拉塔頭像的話，我很願意讓你們砸了我這顆腦袋！」

從多那太羅來的角度來看看這則小故事：一個從事藝術創作的人，對紳士們欲意奉承的舉動深感無聊，甚至心生鄙視，所以當多那太羅被要求做這種事時，我們實在不難想像他心中的痛苦有多大。

醉心於藝術世界的創作者們對這一類歌功頌德之事深感厭惡，且興趣缺缺，但是面對人多勢衆的紳士們一心想奉承他們所敬仰的偶像時，多那太羅用大錘砸壞雕像的動作似乎有些不夠聰明。而且，當他的舉動挑起了這一大群人的情緒時，問題是否眞更能解決呢？

聰明的你想必已經猜著了，雖然從多那太羅解決問題的方法中，我們能看得出他是個十分直率的人，不過這樣直接且帶有情緒的動作，仍然有可議之處，畢竟那終究是破壞性的行爲，很容易傷害到對方，甚至讓彼此都沒有退路。

那麼，怎樣拒絕才能得到人們的退讓和妥協呢？仔細想一想，相同的情況

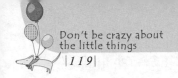

你會怎麼處理？是和多那太羅一樣固執拒絕？還是讓腦袋轉個彎，想個更好的溝通辦法來處理呢？

其實，不管砸誰的腦袋都一樣，既然不想勉強自己去做不喜歡的事，那麼一開始就應當想辦法拒絕，而不是接了任務之後才來搞破壞，那不僅會壞了自己的聲譽，還會壞了自己的情緒。

所以，不必要的工作不要胡亂接，不必要的負擔不要隨意挑，與其怨恨氣惱地逼自己妥協，不如微笑地拒絕，這樣不僅能讓人們了解你的情況而懂得體諒，更有助於你在人際關係上的交流。

從不同的角度肯定自己的價值

擁有不同的生活角度，才能成就非凡的人生；最重要的不是能否桂冠加冕，而是你能不能肯定自己！

英國唯心主義哲學家休謨，也是一位經濟學家兼歷史學家，晚年退休後，每年仍能拿到一千英鎊的退休金和版稅，因為他在愛丁堡圖書館當管理員時寫的《大不列顛史》是一本重印多次的暢銷書。

對此，不少人勸他寫續集，但是這位哲學家卻說：「你們已經給我太多榮譽了，先生們，我已經不想再寫了，其中有四個理由：第一是我太老了，第二是我太胖了，第三是我已經懶了，最後，是我已經太富有了。」

對休謨來說，著作是否應該等身已不重要，因爲他知道，自己所付出與擁有的已經夠多了。

或許，我們也可以這麼說，接下來的時間他只想留給自己，畢竟在那個大多數人都退而不休的年代，眞正懂得什麼叫退休的人實在是少數。

其實，即便來到現代，許多人對握在手中的功名利祿依然捨不得放棄；即使身體已經發出警訊，多數人仍然捨不得放手，仍然選擇透支自己的時間與精力，但這反而加速人生盡頭的到來。

生活的腳步到底該在什麼時候停歇？抑或繼續前

進?還有,人生的價值到底該怎麼看才算是價值無限呢?

不同的人有不同的答案,而喜劇泰斗卓別林是這麼解釋的。

一九二一年十月,卓別林踏上巴黎的土地時,受到巴黎人空前盛大的歡迎,法國政府更將他的成就視為對世界藝術的卓越貢獻,因而決定授勛予他。

但是在授勛前,有位美國記者卻對卓別林說:「你知道嗎?法國政府根本有意想捉弄你,聽說那是他們專門授予學校教師的勛章,你領取它可是一點也價值也沒有啊!我認為,你應該領的是那枚有著紅色緞帶的榮譽勛章。」

卓別林笑了笑,回答說:「先生,您錯了!老師們可是世上最受人們尊敬的角色,我能得到這枚與老師們同等光榮的勛章,就將是我一生中最快樂也最榮耀的事了啊!」

屠格涅夫曾經這麼寫道:「生活本來就不是什麼別的,只不過是經常克服矛盾而已。」

其實，處理生活的原則，就是該認眞的時候就認眞，該灑脫的時候就灑脫，該輕鬆面對的時候就用幽默的心情輕鬆面對，這才是眞正的生活智慧。

和休謨一樣，卓別林對於功名有著與尋常人不同的看法，事實上，他們正是因爲擁有這樣不同的生活角度，才能成就非凡的人生；教師勛章也好，選擇只留一本空前絕後的暢銷圖書也好，這兩人之所以淡看這些加勛加爵、功名利祿，是因爲他們知道有些東西其實更加重要。

「最重要的不是能否桂冠加冕，而是你能不能肯定自己！」這是卓別林與休謨在經歷了一段風雨人生後，才能領悟到的人生眞理。

用幽默看待生命中的意外

用幽默看待生命中的各種意外，面對生活中的一切不順心意的事情就能冷靜面對，更能微笑加以解決。

英國籍演員莫里斯．巴里穆爾，在一八七五年移居美國後，才開始他的表演人生，努力學習的他很快地便成爲觀眾喜愛的專業演員。

一生之中，巴里穆爾鞠躬謝幕的畫面不可勝數，不過，人們對於他最後一次的謝幕畫面卻是畢生難忘。

這個畫面不是出現在炫麗的舞台上，而是在一處幽靜的墓園中。

巴里穆爾在一九〇五年走完了他的人生旅程，一路陪伴著他走過精采人生的朋友與親人們都知道，巴里穆爾接下來將到另一個舞台，繼續他的演藝人生，此刻的他只是暫別以「莫里斯．巴里穆爾」為名的角色。

不過，在安靜莊嚴的告別儀式中，巴里穆爾之子萊昂納爾突然驚訝地叫道：「你們看……」

原來，萊昂納爾看見一個有趣又熟悉的畫面，正當人們將巴里穆爾的棺材抬起來，並準備放進墓穴時，卻見架起棺材的繩子突然晃動了一下，棺材也跟著輕扭了一下，接著棺材竟斜斜地卡在墓穴的邊縫。

這個情況令不少人忍不住輕呼了一聲，因為他們以為棺材會直接掉落至墓穴中，這可是對死者十分不敬的。

為了修正角度，工人們將棺材再次抬起，然後小心翼翼地將棺材往下吊，但就在這個時候，繩子再次晃動，棺材也跟著再度扭動，於是工人們不得不再一次將棺木吊起。

看見這個情景時，萊昂納爾卻一點也不生氣，而是用手臂輕碰站在一旁的兄弟約翰，然後悄悄地對他說：「你看，像不像父親一次又一次謝幕的畫面？」

想像著這個在肅靜墓園中發生的小插曲，品味著萊昂納爾的話語，隱約間，似乎讓人更加感覺到兒子對父親的思念，是不是呢？

曾經有個旅人在旅程中發現了一座墓園，公園式的管理伴著幽默的追憶留言，讓人對墓園少了恐懼，其中最令人印象深刻的，是他在英國某個墓碑上發現的字句，那是一個丈夫對老婆的思念追憶：「親愛的，謝謝妳不再嘮叨了！」

用幽默看待生命中的意外，甚至是死亡，是多數西方人的態度，他們在墓碑上刻下的紀念文字不僅常讓人會心一笑，有時候，我們還能透過這些的幽默字句，隱隱感覺到墓中人正活躍重生。

其實，這也是他們讓自己堅強走向未來的方法，換個角度說，也因爲這樣的幽默看待生老病死，他們面對生活中的一切不順或意外，總能冷靜面對，也能帶著微笑加以解決。

失意與挫折是每個人都沒有辦法逃避的人生考驗，如何用幽默樂觀的心態面對，無疑是相當重要的。

當現實環境不如預期，不妨發揮幽默感，許多苦惱都會雲淡風輕。

就像工人們在擺放棺木時的小狀況，身爲兒子的萊昂納爾沒有怒斥工人的不是，反而從中憶起父親生前對戲劇的熱愛，正是這種心態，讓他能克服失去父親的哀痛，闊步走向之後的人生；而他的妙語，也再次讓巴里穆爾的身影活躍在每個人心中。

4. 發揮智慧，就能靈活應對

無論是自救或救人，臨危不亂是基本，
反應靈活是竅門，機智變通是要訣，
只要能把握這幾個要點，
再大的危機都不過是件小麻煩罷了。

發揮智慧，就能靈活應對

無論是自救或救人，臨危不亂是基本，反應靈活是竅門，機智變通是要訣，只要能把握這幾個要點，再大的危機都不過是件小麻煩罷了。

西元三世紀，隨著亞歷山大軍隊來到萊普沙克斯的古希臘哲學家阿那克西米尼，其實也是萊普沙克斯人，為拯救自己的故鄉免於受到軍隊的蹂躪，著急地求見亞歷山大帝。

看見哲學大師求見，亞歷山大當然知道他的來意，因而未等他開口便說：「我現在對天發誓，我絕對不會同意你的請求。」

「陛下，我想請您下令毀掉萊普沙克斯啊！」哲學家大聲地說。

亞歷山大一聽，先是愣了一下，接著笑著點頭。因為君無戲言，萊普沙克斯終因亞歷山大的急躁與阿那克西米尼的智慧而倖免於難。

人的一生中危機處處，如何才能安全地解除危機，可說是從古至今人人都在尋找的答案，爲了找到最佳的解危妙方，有人絞盡腦汁想新辦法，有人則翻遍古今典籍，希望能從別人分享的智慧中得到解答。

只是，即便找到了那樣多的方法，如果不懂得靈活運用，反而容易害自己陷入危機、無法脫困。

用機智化解危機的方法，表演兼舞蹈家鄧肯便表現得十分巧妙。

有位貪戀女色的義大利作家一看見鄧肯，便立即展開追求，一會兒採用情書攻勢，一會兒猛送鮮花，為了得到佳人芳心，可說拼了命地恭維、奉承。

最後，他終於得到鄧肯的接納。以為佳人到手的作家，連忙把握機會，向鄧肯提出更進一步的要求：「我可不可以半夜拜訪。」

沒想到，鄧肯竟點頭答應了。

只是當作家走出門後，鄧肯也開始忙碌起來，她在房間裡鋪滿了喪禮用的白花，然後在屋裡點上了許多白色蠟燭，最後還準備了蕭邦寫的送葬曲。

當天晚上，作家興沖沖地來到。只見一身白衣素妝的鄧肯，嫵媚地將他推倒在椅子上，然後自己開始舞動了起來，她一會兒將白色花瓣撒到作家身上，一會兒又叫琴師吹起送葬曲。

就這樣，她一邊跳著舞，一邊開始吹熄屋裡的點點燭光，直到只剩下作家身邊的那兩盞燭火。

屋內變得很昏暗，那搖曳的燈影和發著幽光的白色花瓣，再伴著淒冷的送葬曲，使得屋裡的氣氛變得十分詭異，更讓這位作家寒毛直立，只見他猛吞嚥著口水，心裡直嘀咕著：「不會是中邪了吧！」

就在他想像著鬼魅的可能性時，鄧肯忽然飄移到他的面前，且將倒數第二根蠟燭吹滅，接著，當她正準備吹熄最後一根燭火時，作家竟驚恐地大叫了一聲，並迅速從椅子上跳了起來，旋即奪門而出。

看到結局時，你是不是忍不住拍案叫絕呢？

其實不喜歡對方，不必擺臭臉相應，學學鄧肯，想個能讓對方知難而退的好辦法，更能一勞永逸、永除後患。

不管是從鄧肯身上學習，還是從阿那克西米尼的表現中思考，我們都不難看見其中門道。無論是自救或救人，臨危不亂是基本，反應靈活是竅門，機智變通是要訣，只要能把握這幾個要點，再大的危機都不過是件小麻煩罷了。

說話大聲，不見得會贏

不是說話比別人大聲的人就是贏家，只要論點紮實且對方找不出缺漏，那麼即便你帶著微笑輕聲說話，一樣能讓對方俯首稱臣。

古希臘時代造就了不少智者，像狄摩西斯便是其中一顆非常燦爛的星星，當時能與他匹敵的是雅典出生的福西昂將軍，但不知是文人相輕的慣性，還是這兩個人的性格本來就比較自我，兩人只要一見面，總會發生大聲激辯的畫面。

雖然兩個人的論點十分兩極，但不管誰的論點都令人十分欣賞，因此對旁觀者來說，他們要的並不是誰的答案最爲正確，而只是想欣賞他們辯論的才華，所以越激情的演出越讓他們著迷，能聽見兩個人的辯論等於免費獲得一個又一個的生活智慧。

這天，兩個人又在爭論了，而且戰火十分猛烈。只見狄摩西斯大聲批評福西昂：「只要雅典人怒火一燒，隨時都會把你殺了。」

只見福西昂不甘示弱，冷笑地回擊：「只要他們冷靜下來，恐怕也不會對你太客氣的。」

看見兩位古希臘哲人互相攻擊的情況，想必有人會這麼想：「這兩個人根本是在吵架啊？怎麼說能看見智慧呢？」

就表面狀況來看，這兩個人的確是在吵架，但是就吵架的內容而言，其中卻也包含著兩個人的機智反應，

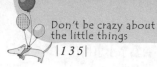

而旁觀者專注的正是這個部份。

暫擱狄摩西斯和福西昂的鬥嘴和爭吵，我們回到現實生活中，看看那些正在爭執論辯的人，不知道你有沒有發現，其中有不少人爭論不到一半就不再開口了，甚至上演全武行。

究其原因，若非他們爭論的立足點不夠穩固，便是他們很快便陷入詞窮的窘況，再加上臨場反應不如人，別人一口氣可以說十句話，他們卻連一句話也說不清楚，以致於原本的口舌之爭最後演變成拳打腳踢。

若將故事中的旨意延伸，或許狄摩西斯和福西昂會這麼告訴你：「沒有聰明機智就別輕易與人爭辯，因為吵架不是為了宣傳你的情緒，而是要為自己爭得一個受人尊敬的位子。」

明白了這個道理嗎？還不明白的話，那麼就讓俄國馬戲團界最受人敬重的小丑杜羅夫來告訴你吧！

在某一次馬戲團表演時，有個觀眾趁著空檔來到演員休息室找杜羅夫，不過，這個人看起來很不友善，只見他以非常輕蔑的口氣說：「杜羅夫先生，觀眾們看來非常喜歡您。」

「是嗎？謝謝！」杜羅夫似乎也感覺到對方來意不善，但是，仍然保持風度，很有禮貌地回應著。

「我想，想成為馬戲團中最重要的丑角，並讓觀眾們非得要你不可，是不是就得具有一張愚蠢而醜陋的臉蛋呢？」這個沒禮貌的傢伙諷刺地說。

杜羅夫一聽，聽出了其中含意，只見他冷笑一聲，然後說：「您說的沒錯，我想如果我能有一張像您那樣的臉蛋，肯定能拿雙薪！」

當杜羅夫以相同的論點回敬對方時，你是不是也覺得十分痛快？

與他人爭論時，不是說話比別人大聲的人就是贏家，只要論點紮實且對方找不出缺漏，那麼即便你帶著微笑輕聲說話，一樣能讓對方俯首稱臣。

少點算計才能得到真正的友誼

嗜好相近的人才會群聚在一起，當我們對人總「別有所圖」時，自然也會引來對自己有其他企圖的人。

某天，有位貴婦親自來到音樂家帕格尼尼家，邀請他第二天到她家中喝下午茶，帕格尼尼很開心地點頭說：「謝謝您的邀請，我一定會準時到場。」

婦人一聽，臉上露出十分愉悅的神情，旋即便起身準備告別，突然又轉身，然後滿臉笑容地對帕格尼尼補充說道：「親愛的音樂大師，請您千萬不要忘了一件事，明天來的時候別忘了帶著您的提琴一起來呦！」

「什麼？夫人，您難道不知道，我的提琴從不喝下午茶的嗎？」帕格尼尼故作驚訝地說。

以帕格尼尼的處世風格，或許仍會將提琴帶過去，但是從這個幽默的玩笑中，我們不免要反省著，人們與藝文名人相交時，到底是「眞心喜歡」，還是純粹想「附庸風雅」呢？

交朋友本來是一件很純粹的事，然而，因爲現實的考量或私心作祟，常常讓我們忘了交朋友的簡單眞心。就像故事中的貴婦明明是爲了提琴而邀請人，卻非得要先忸怩作態地套交情，然後才肯說明來意，這不免讓人質疑對方的交友誠意。反正想聽音樂就直說，想相聚聊天就單純地請人喝喝茶、吃吃點心，這樣人與人之間才能結出好緣份，也才能聽見不含任何情緒、雜質的樂音。

再舉一個例子，這是德國鋼琴家庫勒克的遭遇。

有一天，富翁白林克邀請庫勒克到家中吃飯。對於白林克這個人，庫勒克只知道他曾經是個鞋匠，後來因為偶然的機會擠進了富翁之林，據了解人們對他的評價褒貶不一，但不管是什麼情況，對方是好意邀約，總要禮貌參加。

但是，晚餐結束時，白林克卻突然對庫勒克說：「晚飯後應該來點餘興節目，庫勒克，您快點為我們彈奏一曲吧！」

聽到這個要求，庫勒克臉上滿是為難，但是主人都已經提出要求了，總不好就直接拒絕離開，再怎麼說人家也請他吃了一頓大餐，於是庫勒克只好勉強微笑，點頭答應。

不久，音樂家也邀請白林克到家中作客。

午飯後，庫勒克忽然捧出一雙舊靴子，富翁見狀感到很奇怪，問說：「你要上哪去嗎？怎麼穿這麼破舊的靴子呢？」

庫勒克說：「喔，我沒有要去哪。是這樣的，上次您邀請我到府上是為了聽曲子，至於我今天邀請您來，其實是為了麻煩您幫我補靴子啦！」

看似報復的動作，其實是音樂家好心提醒白林克的方法，直接讓人體驗感受當然比「用說的」來得深刻，簡單來說，這是讓他體悟「將心比心」的最好安排，也讓他明白，在待人處世時要有「同理心」的體貼心思。

沒有人喜歡「被利用」的感覺，若是平時不交流，總到有事相求時才連絡，難怪人們要懷疑你交友的誠意；或是即使有了連絡，卻常常對人提出請託和要求，那也無怪乎你的朋友常常斷了訊。

所謂「物以類聚，人以群分」是指嗜好相近的人才會群聚在一起，換句話說，當我們對人總「別有所圖」時，自然也會引來對自己有其他企圖的人。

反之，如果你真心與人交往，求的是生命中的純真友情，盼的是願意與你共享也願意與你相互扶持的朋友情誼，那麼不必你提出任何要求，他們便會主動回報你一曲曲情真動人的美妙音樂了。

放下情緒，給自己多一點鼓勵

先忘記情緒，然後再給自己多一點鼓勵，這不只適用於生活態度，更適宜用在苦悶的情人世界裡。

人人都知道，蘇格拉底的妻子是個十分強悍的婦人，有人甚至還封她爲壞老婆的代表人物，據說這女人心胸狹窄、個性固執、嘮叨又粗魯，還常常讓哲學大師蘇格拉底身陷困窘不堪的情境中。

因此，就曾經有人問蘇格拉底：「你幹嘛娶這樣的女人呢？」

大師的答案是：「這就像擅長馬術的人總愛挑烈馬騎的原因吧！只要他們騎慣了烈馬，想駕馭其他的馬就不難了；試想，如果我忍受得了這樣的女人，那麼普天之下，就沒有難以相處的人了。」

據說，蘇格拉底正是因為在他妻子那煩死人的嘮叨聲與責罵聲中，才得以淨化自己的精神。

有一回，蘇格拉底和學生們討論問題時出現了爭論，這時他的妻子忽然怒氣沖沖地出現，然後把蘇格拉底大罵了一頓，接著居然到外頭提了一桶水進來，猛然潑到蘇格拉底身上。

學生們個個嚇得目瞪口呆，他們本以為蘇格拉底接下來會訓斥妻子一頓，怎知蘇格拉底只看了看渾身濕透的衣服，然後微笑地對學生們說：「我就知道，雷聲過後肯定要下大雨的。」

看完這則小故事時，你注意到的是壞老婆的部份，還是蘇格拉底的微笑看待？兩性的問題不管從哪個角度切入討論，都不容易有個定論，其實不管是溫柔女人也好，可怕潑婦也罷，或是深情憨男也行，甚至讓女人深惡痛絕的壞男人都好，男人女人的小世界任誰都難以介入啊！

那麼，囚困其中的人該怎麼辦呢？

先忘記情緒，然後再給自己多一點鼓勵，這不只適用於生活態度，更適宜用在苦悶的情人世界裡，就像蘇格拉底給自己的「訓勉」：「遇到困境嗎？只要寬心面對、積極挑戰，然後你將發現：『我無所不能！』」

只要勇於面對，相信再大的困難與麻煩都不是問題。

歌劇作曲家羅西尼也深明這個道理。

一八四八年，有一家報社刊登了義大利名歌劇家羅西尼的一封公開信，信中的內容是這樣的。

有位先生寫信問羅西尼：「我的侄子是個音樂家，但他不知道該怎樣為他創作的歌劇寫序曲，不知道您是否可以幫個忙，給我們一點建議？」

羅西尼大方地提出七個意見，其中之一是：「我寫《奧賽羅》序曲時，是被劇院老闆鎖在某間旅館的房間內，屋裡只有一大碗水煮麵條，連配菜都沒有，那個頭禿、心狠的老闆甚至還威脅我說，如果我不把序曲的最後一個音符寫完，就甭想活著走出去。我認為，應該讓你的侄子也試試這個方法，千萬別讓他吃什麼鵝肝餡餅之類的美食就對了！」

是的，吃苦就像吃補藥，越苦越有療效，因此想要有一番成就的你，絕不能害怕遇到困難，更不能一遇到困境就急急忙忙地討救兵。

如果自己都不敢挺身面對，不能先自己試著想辦法，那麼，再小的痳煩事都會成爲你無法跨越的大鴻溝。

所以，聽見雷聲別著急，更沒必要恐懼害怕，仔細聽聽它來自何方，慢慢地你將學會判別落雨的方向，然後就能輕鬆躲過每一次驟雨的澆淋。

用輕鬆的心情面對惱人的事情

和別人進行溝通時，不去惡意傷人，待人也絕不輕忽怠慢，自然能固守住我們的堅持，也能顧全我們不願傷害他人的心意。

作家拉布曾說：「幽默是話不投機的救生圈。」

在這個紛紛擾擾的時代，人與人之間充滿著爭執、衝突、競爭、交戰，許多無謂的爭執衝突，都是溝通不良引起的！

詼諧幽默的應對方式就是彼此互動最好的潤滑劑。也就是說，當你遇到自己不感興趣的問題，不知道該跟對方說什麼，或是不想跟對方糾纏不清的時候，就越必須用極出色的幽默感與對方溝通。

某天，一名叫做荷克的慣竊犯闖入哲學家法蘭西斯．培根的家中，不過這名犯人很快就被逮捕了。依當時英國的法律，這名慣竊犯恐怕會被判處死刑。在法院進行偵訊時，荷克對培根哀求說：「先生，看在我們關係親密的份上，請您救救我，我下次不敢再犯了！」

不過，他的理由倒是很有趣，他把自己的名字「荷克」（hog，意為「豬」），與培根的名字（bacon，意為「燻肉」）串連在一起，企圖拉近和培根之間的關係，希望能獲得他的同情。

但是，培根卻笑了笑說：「朋友，如果你不被吊死，我們是沒辦法成為親戚的，別忘了，豬得死了之後才能變成燻肉啊！」

這是聯想思考的趣味，這種絕妙的應答確實讓人想鼓掌叫好，培根幽默風趣的回答，想必緩和了法院裡肅殺的氣氛。

另外一個例子是，經常替富人和名人作畫的美國人像畫家薩金特，有一天在晚宴上遇見一位十分傾慕他的女子。

「喔！薩金特先生，前兩天我看到了您最新完成的一幅畫，您知道嗎？我居然忍不住吻了畫上的人，只因為那人看起來太像您了。」女子嫵媚地擺動著身子，嬌聲對薩金特說。

畫家則笑著問：「是嗎？那他有回吻您嗎？」

女子一聽，瞪大著眼說：「什麼嘛？那怎麼可能。」

「這麼說，他一點兒也不像我了。」薩金特神情得意地說。

哈茲里特曾經寫道：「幽默詼諧是談話的調味品。」的確，幽默是人的情感的自然流露，可以直接讓對方卸下原有的心防，甚至可以像潤滑油一樣，緩和潤滑原本僵持對立的氣氛。

就像培根遇到小偷，又好像薩金特遇到癡女，有些人爲了攀關係、爲了更親近對方，總會想盡辦法拉攏牽線；而爲了避免沾黏上這樣的人，有些人選擇躲藏，有些人則直斥拒絕，但結果不是成效不彰便是得罪了人。

反觀，這兩則故事中的主角，爲了撇開和對方的關係，技巧地延伸轉換，讓原本看似緊密的關係，剝開層層關連後，輕易找出兩人毫無瓜葛的證明，一句「沒有回吻」，便表達了「我們是不可能」的眞實情況，另一句「豬死才能有燻肉」的幽默，更是直接點醒罪犯得坦然面對責任。

其實，現實生活中的人際溝都便要像這樣，不去惡意傷人，待人也絕不輕忽怠慢，自然能固守住我們的堅持，也能顧全我們不願傷害他人的心意。

想心靈相通，先學會彼此包容

瞭解與包容是分不開的，而包容與體貼更是一體的，若是真的想與對方真心相交，就要懂得體貼與包容。

戴奧珍尼斯是古希臘有名的諷刺家，他有個特別的習慣就是「不穿鞋」，因為他總覺得那是一種束縛，然而對一向把穿鞋視為禮儀的人們來說，他那赤裸的雙腳實在十分礙眼。

有一天，他來到柏拉圖的家中，踏著光腳丫子進門的戴奧珍尼斯因為踩踏風沙泥地，腳底板早已變得又髒又黑，只見柏拉圖家的地毯上，不一會兒便出現一個又一個清晰的黑足印。

戴奧珍尼斯見狀卻大笑出聲，接著竟說：「你們看，我正在踐踏著柏拉圖引以為榮的東西。」

柏拉圖點了點頭說：「這倒是真的，不過我也得到了更大的榮耀。」

這是柏拉圖對朋友的瞭解與包容，其中更表現出他對諷刺大師的欣賞與尊敬，看見這樣的朋友關係，不知道你是否感到羨慕？

那麼，朋友之間的關係到底要如何建立呢？

「無論是誠實無欺，還是熱情真摯，都比不上你的瞭解體貼。」這是柏拉圖在故事要與我們分享的交友態度。

在美術館的展覽廳裡，利亞多夫指著一張畫問舒加耶夫：「你知道這張畫是畫朝霞還是晚霞嗎？」

「當然是晚霞。」舒加耶夫用非常肯定的語氣說道。

利亞多夫又問：「你怎麼看出來的？」

「因為我認識這位畫家，他從不在早上九點鐘以前起床。」舒加耶夫說。

你瞭解你的朋友嗎？還是你以爲可以八卦聊天，或願意陪伴著你說人是非的人就算是你的好朋友呢？

除了上述情況之外，你對朋友的瞭解有多深呢？你知道他偏好什麼樣的東西嗎？你知道他最近的煩惱嗎？你知道……

用來評斷你們友情眞假的基準很多，不過我們仍能從這些判斷標準中找出一個總結，那便是：「人與人之間始終離不開將心比心這四個字，畢竟每個人都是獨立的個體，有各自獨立的人生和獨特的生活習性，不能只從自己的情況來判斷朋友的對錯。」

就像柏拉圖與戴奧珍尼斯之間的互動，便是極佳的表現範例。

也許有人會說：「我當然瞭解朋友啦！就是因爲太瞭解他了，所以我可以不必關照他的情緒。」於是，有人看見朋友做出自己不喜的動作便大聲責罵，再不然就冷言嘲諷，大多數人總是這麼認爲，因爲是朋友，所以就可以用最直接的話語來表達與溝通。於是，當朋友的臉上已露出不悅的神情時，竟然還說：「聽不下去就不是朋友了！」

你是不是也曾有過這種經驗呢？當時你都是怎麼回應朋友的指正，或是如何應對那些傷人的話語呢？

瞭解與包容是分不開的，而包容與體貼更是一體的，仔細想想，若不是兩個人當初相遇時，那麼投緣、那樣的心靈相通，我們也不會這麼積極地將他們列入朋友的名單中吧！

所以，若是眞的明瞭對方的性格與習慣，眞的想與對方眞心相交，就要懂得體貼與包容，這才是眞正的好朋友啊！

打破慣性，才有亮麗人生

想有更卓越的未來，便得放下慣性思考，只有生活不斷地前進，不斷地勇敢面對新事物，我們才能累積出豐富多彩的人生。

在俄國出生的美國哲學家莫里斯·拉斐爾·科恩，在美國的哲學界和教育界都頗負盛名，曾任職於紐約學院和芝加哥大學。

某天，當他上完哲學導論課後，有位女同學忍不住向他抱怨：「教授，您的解說可說是把我原本深信不疑的每件事上都戳了一個洞，問題是，懷疑之後不是應該會有個答案填補嗎？可是我卻發現，不只我自己找不到答案，您也沒有提供我們任何可以替代的東西，這實在讓我無所適從啊！」

「孩子，妳還記得大力神赫爾克里斯的事跡嗎？他不是清洗了奧吉亞斯王那個近三千年從未打掃過的牛廄？難道妳認為，那些已被清乾淨的角落也應該再用什麼東西將它填滿嗎？」科恩嚴肅地說。

生活當中隨時都會有新的領悟出現，舊的觀念和想法也必定會遭到考驗，所以我們不能固守舊思維，更不能要求新觀念非得與舊想法契合，不然我們就很難獲得進步。

固執堅持常常是造成人們無法進步的原因，保守的態度更讓人遇到新機會時不敢動作，甚至因爲害怕變動而產生排斥拒絕的心態。

在第二次世界大戰後，德國指揮家布魯諾・瓦爾特來到美國時，便曾遇到這樣的情況。

當時，瓦爾特接下紐約交響樂團的指揮工作，許多人對這個新來的指揮家有些排斥，像是該團第一大提琴手沃倫斯坦便對他不甚滿意，無論是彩排或正式演出時，都不太配合瓦爾特的指揮動作。

「沃倫斯坦先生，我知道您是一位志向非凡的人，不知道您的抱負是什麼呢？」瓦爾特沒有當眾責怪他，而是私底下與他溝通。

「成為一名指揮家。」沃倫斯坦堅定地說。

瓦爾特點了點頭說：「很好，不過在您成為樂隊指揮前，能不能請您先別讓沃倫斯坦在您的面前演奏？」

對於沃倫斯坦的工作態度，你有什麼看法呢？

之所以要清掃已擱置了三千年的破牛廄，當然是爲了清出更多的空間，來擺放新的事物或生命。

就好像科恩要學生們清理過去陳舊的思考模式一樣，原來的道理全被推翻顚覆了，才能構思出符合新時代的新觀念。

哲學思考是如此，生活也是如此，人際交流更是如此。看著對新指揮頗爲鄙視的沃倫斯坦，其實我們不難明白他心中所想，因爲我們不也曾對新進的人事物產生質疑或擔心嗎？

只是，一如瓦爾特所言，想有更卓越的未來，我們便得放下昨天的慣性思考，忘記昨天的觀念、態度。因爲，只有生活不斷地前進，不斷地勇敢面對新事物，我們才能累積出豐富多彩的人生。

多開口，就可以順利交流

與其擔心說錯話而不敢開口，不如多說話，慢慢培養與人交流溝通的勇氣，才能在人際關係上有所突破。

有個男子常常參與讀書會，雖然他很積極參與，卻從不曾開口講話。哲學家狄奧佛拉斯塔見狀，有一天忍不住對他說：「如果你是一個傻瓜的話，那麼你的表現肯定是最聰明的；但是，如果你是一個聰明人，那麼你的表現無疑是最愚蠢的。」

簡言之，狄奧佛拉斯塔想傳達的寓意其實是：「真正聰明的人知道什麼時候該選擇沉默，更知道要在什麼時候積極地表現自己。」

我們常說「多說多錯」，也因爲這個邏輯推論，讓很多人根本不敢表達自己的看法，甚至到了有勇氣表達時，往往「一說就錯」！

別以爲「少說少錯」就好，如果一說就錯，那麼不管我們怎麼減少開口的機會，一次又一次地說錯話，仍然對我們造成嚴重的傷害。反過來說，多說雖然多錯，但其中不乏說對話的時候，如果能善加利用，並用它來補強錯誤的說法，曾經的「錯」就能慢慢地修補成「對」的結果。

恐懼發言的人很難培養出自信與表達能力，而且總是不肯開口說話的結

果，心中的想法當然無法充分表達出來，如此一來，很容易讓別人心生誤解，進而造成不必要的緊張對立情況。

其實，開口說話並不難，只要不是有心編織的謊言，或是有心傷人的毒話，只要能有一份誠懇溝通的心意，和用心思考之後才回應的答話，就有助於你我人際關係的順暢了。

如果你時常害怕自己在大庭廣眾下說錯話，那麼法國演員讓．加班的巧思妙語或者可以供你參考。

在第二次世界大戰期間，法國著名演員讓．加班來到紐約，當時有位記者問他：「請問，法國人對於他們的英國盟友抱持什麼樣的態度呢？」

「我們都支持英國，也反對英國。」加班說。

「怎麼說？」記者不解地問。

加班說：「那些支持英國的人，每天晚上都是這麼祈禱的：『親愛的上帝啊，請讓那些勇敢的英國人快點獲得勝利吧！』至於那些反對英國的人，則是這麼祈禱的：『親愛的上帝，請您讓那些醜惡的英國人贏得勝利吧！』」

加班答案的重點是「贏得勝利」這幾個字。

就當時的情況來說，所有人心中盼望的只有「贏得勝利」，加班當然知道重點，然而他又不想遮掩國人對英國人複雜的心情，所以他讓答案轉了個彎，因而雖有一樣的祈禱、一樣的希望結果，可是就法國人的眞實情感上來看，對於英國人的愛恨情仇也一樣地呈現出來了。

雖然加班的話語裡充滿了嘲諷，但是，當我們聽見這段祝福時，不是都只是輕輕一笑而已嗎？

換言之，能把話說得又好又巧的人並不多，說話偶爾「突槌」更是人人都會發生的事，所以與其擔心說錯話而不敢開口，不如多說話，慢慢培養與人交流溝通的勇氣，才能在人際關係上有所突破，也才是聰明人的做法啊！

別輕忽人們給你的否定聲音

別再輕忽了別人給予你的否定聲音，也許這些聲音不太悅耳，但是要懂得從中找出他們否定你的原因，並坦然面對、積極修補。

古希臘哲學家第歐根尼經常在大白天也提著燈走路，人們碰到他時，都忍不住要問他：「先生，您為何在大白天提燈呢？」

哲學家回答說：「我正在找人。」

這個答案其實是哲學家在諷刺當代社會中，沒有一個人真正配得上「人」這個字的。

正因為他抱持著這樣的觀念，因而當亞歷山大大帝前來拜訪他時，哲學家的態度依然十分耿直，不像其他人那樣謙恭卑微。

當時，反而是亞歷山大的態度比較謙卑，還對哲學家說：「先生，如果您有任何需要，請儘管說，我一定會滿足您的一切需求。」

第歐根尼點了點頭，然後卻爬進酒桶裡，接著說：「好，希望你能讓到一邊去，因為你遮住了我的陽光。」

因爲第歐根尼心中唯一的盼望，是能找到一個眞正的「人」，所以外在的權勢富貴根本對他毫無影響與作用。

換句話說，或者第歐根尼心中最盼望的，其實是你我能從他的「否定」中仔細思考，尋求該如何讓自己成爲一個眞正的「人」吧！

從故事中延伸出來，當我們聽見人們的嘲諷或否定時，也應該先反省自己，想一想自己是不是眞如對方所說的尙有不足，或是我們自傲的能力，在對方看來不過是小聰明而非眞有實力。

曾經有位鋼琴家對作曲家雷格說：「我發現自己最近的演奏功力進步神速，所以想買一架新的鋼琴來練習，還有，我很想買個音樂家的半身塑像來裝飾我的新琴，你說，我買莫札特好呢？還是貝多芬比較好？」

對於眼前這位所謂的鋼琴家，雷格可是從未肯定過他的才能，因而立即回答：「我看還是買貝多芬吧！反正他是個聾子！」

在這個紛紛擾擾的時代，許多無謂的爭執、衝突，都是溝通不良引起的！想要提昇自己的處世競爭力，做人做事一定要講究策略和技巧，幽默的話語不只可以替自己解圍，同時也可以是輕鬆溝通的工具。

聽見人們的冷嘲熱諷確實難受，我們也常說要給人多一點肯定與支持，少一點否定和諷刺，但有些人的確需要一點刺激。適時也適度地給人一些否定看法，反而能給對方更大的思考與反省空間，或是讓他們看見自己還有待補強的地方，一如雷格坦白給予鋼琴家的真心話。

所以，別再輕忽了別人給予你的否定聲音，也許這些聲音不太悅耳，但是聰明如你，要懂得從中找出他們否定你的原因，並坦然面對、積極修補，如此自己才有進步的考能性。

5. 用機智讓人們的嘲笑戛然而止

跌倒時，別再哭紅了眼傾訴，

不妨用微笑面對，

然後我們便能知道怎麼用瀟灑自在的姿勢面對挫折，

並再次贏得眾人的掌聲。

凡事多替別人想一想

記得與人交往時，多從對方的角度看事情，多了這一份體貼心，將能贏得更多人的好感與信任。

賈這天買了三斤豬肉回家，請妻子要好好烹調，旋即轉身出門去。就在賈回家吃飯前，許久未嚐鮮肉美味的賈妻，竟不小心邊做菜邊將肉給吃光了。

午飯前，賈按時回到家中，並滿心期待著妻子將豬肉料理拿出來。未料，妻子卻對他說：「其實，事情是這樣的，那塊肉被貓吃光了。」

「被貓吃了？」

賈回頭看著安靜臥在地上的貓，走了過去，然後將貓抱起來並放到磅秤上秤重。

「咦?正好三斤,不對呀,如果那三斤肉全變成了貓,那原來的貓跑到哪兒去了呢?又假如這三斤是貓,可那塊豬肉又跑到哪兒去了呢?」

賈斜睨著說謊的妻子,卻見她滿臉尷尬地笑著。

答案不必太繁瑣的計算,也不必多仔細追根究底,賈沒有大聲斥責老婆,而是聰明地借用「貓的重量」找出真相,結果似乎比怒目相向來得有效。

轉念一想,吃都吃了,怒火再旺也無濟於事,徒然讓自己肝火高燒,造成夫妻吵架還算事小,萬一不小心拖累了身體,那可一點兒也划不來呀!

聰明的賈當然知道這個道理，所以他利用貓暗中告訴老婆：「我知道肉是被妳吃了，妳定然知道肉的美味，我願意體諒妳的情不自禁，不戳破妳的謊言，但請以後在品嚐美味時，別忘了妳老公呀！」

知道賈真正想告訴老婆了嗎？

很簡單，只需一句：「在做任何事前，別忘了替別人想一想！」

夫妻相處之道如此，與人相處更應該如此，就好比當人們相信你，而把心中秘密與你分享時，都是怎麼看待的？

有個朋友神秘兮兮地問霍加：「你知道我們城裡誰最能保守秘密嗎？」

霍加笑著說：「我只知道，別人的心靈並不是我的穀倉，所以一直到現在，我還沒有向誰揭開過自己心中的秘密。」

人們傾訴心中私密的困擾，也大方和我們分享生活中的隱私，本意只是想找個信得過的人分憂解勞，我們又怎能把他們的隱私當娛樂話題，和其他無關緊要的人大話他人的是非呢？

資訊傳播發達的時代，訊息傳播之快超乎你我的想像，人們對於是非八卦的偏好，也漸往毀人聲譽的方向發展，很多時候因爲一個輕忽不在意，隨口一句話就害得人放棄生命，犯下了無可彌補的過錯。

「做任何事前，請多替人想一想！」這是賈與霍加想傳達的論點。我們應該時時從別人的立場設身處地想一想，想著感受相同的傷害，與被揭隱私後的傷痛，相信不難感受到其中的難堪與痛苦。

感受到其中辛苦後，記得與人交往時，多從對方的角度看事情，多了這一份體貼心，將能贏得更多人的好感與信任。

無謂的爭執毫無益處

雖說生活要有比較才知道前進，要有競爭才能得到激勵，但不是要我們在那些微不足道的事物上「膚淺較量」。

為了證明自己才是最早進到這個監獄的，有三個犯人在獄所裡吵得面紅耳赤。

第一個人大聲地說：「我來監獄時，火車還沒有發明呢！」

第二個也不甘示弱地舉證：「我來時，人們還是騎馬旅行呢！」

至於第三個個犯人，竟是這麼回應的：「馬是什麼東西？」

這個有點無謂的爭執，想必讓不少人感到可笑吧！誰先到眞有那麼重要嗎？頂多分個「老囚」和「新囚」，三個人還不都是同囚禁在一個監獄裡，同樣只有「囚犯」身分，還能有什麼作爲？

從這三個囚犯的爭執中，我們似乎也看見了現實生活中的人們，經常發生的無聊爭吵與計較。

事實上，若想藉神氣驕傲的張揚和派頭，得到人們的敬重恐怕不易，這樣的爭取動作不過讓人更見他們的無知，看見他們，人們也只會給予鄙夷眼神。

一列開往歐洲的火車上，某個車廂裡坐著四個來自不同國家的人，有俄羅斯人、古巴人，和兩位來自美國的商人與律師。

途中，俄羅斯人拿出了一瓶伏特加酒與眾人分享，並逐一為大家斟一杯酒，然後，他竟將尚餘有約半瓶量的酒瓶往窗外丟。

美國商人一看，不解地說：「朋友，你這樣好像太浪費了吧？」

「怎麼會？俄羅斯有的是伏特加，事實上，我們喝都喝不完呢！」俄羅斯人驕傲地回答說。

過了一會，古巴人也熱情地拿出四根哈瓦那雪茄和大家分享，每個人手中的雪茄都點燃了，車廂裡滿是雪茄香。

然而，大家吐吞不到兩口，卻見古巴人深深地再吸了一口後，旋即將這未抽完的雪茄往窗外扔掉。

美國商人皺著眉，不解地問：「朋友，就我所知，古巴的經濟並不怎麼樣啊，這麼好的雪茄你怎麼才抽沒兩口便扔了呢？」

古巴人滿臉不在乎地說：「那又怎樣？在古巴，我們有的是雪茄呀！怎麼也抽不完的。」

美國商人一聽，安靜沉默了一會兒，接著突然站了起來，轉身竟抱起了身邊的律師，硬是要將他丟出窗外……

黑色幽默讓人莞爾，更讓人不斷深思。從奢侈浪費的動作中，我們看到無聊的財富較量，這正反映出人們的不知滿足呀！

雖說生活要有比較才知道前進，但比較和競爭，並不是要我們與人「斤斤計較」；雖說人和人之間要有競爭才能得到激勵，但卻不是要我們在那些微不足道的事物上「膚淺較量」。

走進獄門早晚一點也不重要，重要的是，誰能早日走出獄門，然後帶著深省後的新人生觀，重新開始。

要專注，也要理性看待所有人事物

無論是處事還是待人，多保持「冷靜」，也多一點「專注」，自然懂得如何用智慧，換得人們的信服與心甘情願的接納。

這天，有個人向毛拉請教：「請問，要怎樣才能成為一個真正的人呢？」

毛拉笑著說：「當你聽到聰明人在講話的時候，要能集中你的精神，更要把他說的話牢牢記在心中，並且付諸行動。另外，當你發現有人十分認真地聽你講話時，你一定要提醒自己，得保持冷靜的情緒和清醒的頭腦，知道自己正在講些什麼。」

與人溝通，不外乎這個兩個原則，聽人講話要能認真聆聽，不論是否贊同，至少這個專心不會讓我們漏聽了對方的每一句話，以致於發生誤解或是帶來不必要的偏見和爭論。

反過來，當我們開口說話時，也要認真專注，更要隨時保持腦袋清醒，若不能冷靜分析、不能理性解題，就不能輕易開口說話，不然我們很容易便會被一句不經心的話，搞得心力交瘁。

與人溝通如此，處事更應該如此，就像下面這則判決事例。

為了能得到人們的同情，律師對法官另外提出一份資料：「法官大人，我的委託人在精神上有雙重人格的情況，想請您對我的委託人有多一點同理心，對他能再寬容一些。」

「是的，我也把這一點考慮進去了，我想，就給他的每一種人格判刑五年就好。」法官微笑地說。

帶著微笑接受法官的判決時，我們不妨想一想，聽見律師的請求時，你會怎麼思考，是大發仁心地點頭答應，還是就事實情況研判？

以上這兩則故事雖然簡單，但仔細想想，就會發現其中隱含深奧的哲理：「處理事情不能用感情解決，人事紛爭不能用情緒面對！」

故事中冷靜的法官做到了，毛拉也條理清楚地說給我們聽，那麼此刻的你是不是也悟出了其中訣竅呢？

別想得太複雜，生活的道理其實很簡單，因爲每人心中自有一把尺，能清楚分別是與非、對和錯，也能有正確的判斷。

無論是處事還是待人，多保持「冷靜」，也多一點「專注」，自然懂得如何用智慧，換得人們的信服與心甘情願的接納。

用機智讓人們的嘲笑戛然而止

跌倒時，別再哭紅了眼傾訴，不妨用微笑面對，然後我們便能知道怎麼用瀟灑自在的姿勢面對挫折，並再次贏得眾人的掌聲。

有一天，霍加騎著他那頭老驢子在街上閒逛，突然間，不知道什麼原因，這頭老驢子忽然向前衝去。

霍加來不及反應，未能抓緊繩子，被驢子狠狠地摔到了地上。街上的孩子們看見這情景，一個個笑彎了腰，並叫喊著：「快來看呀！霍加從驢背上摔下來啦！哈哈哈……」

霍加這時站了起來，並拍了拍身上的塵土，然後對孩子們說：「孩子們呀！

這有什麼好笑的，你們可要知道，就算我沒摔下來，也要從驢子身上爬下來，總歸一句，我還不是都要『下來』，那摔下來跟爬下來不都一樣嗎？」

若面對相同的情況你會怎麼解困，是和霍加一樣機智轉彎？還是自嘲活該沒有注意？又或是像個孩子一樣怒目斥責旁觀者沒有愛心？或者，無論哪一個答案你都曾試過，那麼仔細想想，你最喜歡的是哪一個呢？

其實，無論你會用哪一種態度或方法，只要能化解你心理的尷尬，都算是最好的方法。

又有一回，霍加對於鄰居們嘲諷他的妻子時，是這麼解決的。

有一天，鄰居大聲叫著霍加：「霍加，霍加，你快出來呀！」

霍加打開門，不解問道：「什麼事？」

鄰居依然大聲說著：「不好了，你的老婆失去理智啦！」

霍加一聽，沒有跟著緊張，反而沉靜地抬起頭望著天，似乎在想些什麼。

「喂，你在想什麼，快去看看你老婆啊！」這時，其他鄰居催促著他。

「我好心的鄰居們，是這樣的，我記得我老婆是沒有頭腦的呀！怎麼你們卻說她失去理智？嗯，這真是讓我百思不解，我得進去好好思考這個問題。」

霍加搔了搔頭說。

充滿反思趣味的一句「記得老婆沒有頭腦」，看似在數落自己的妻子，事實上，那不也代表霍加早看透老婆大人不理智作爲的心思，或者我們也可以這麼說，霍加這句聽似嘲諷的話語，其實正透露著自己對老婆的包容呀！

想想現實生活中，若是哪個女人被鄰居向她老公投訴「瘋了」，十個有九個男人想必都會帶著嚴肅可怖的臉出現，跟著斥喝著要老婆快回家去，至於那第十個丈夫之所以不出面，不是像霍加一樣能冷靜看待，而是早懂得利用社會資源，撥「一一九」去求助了。

從幽默角度切入，以不同的事例省思，反而讓我們更明白怎麼尋求「解決辦法」。跌倒時，別再哭紅了眼傾訴，不妨用微笑面對，然後我們便能知道怎麼用瀟灑自在的姿勢面對挫折，並再次贏得眾人的掌聲。

下一次，當人們對著你說「你老婆瘋了」或是「你老公真是個瘋子」時，你知道怎麼回應了嗎？

沒有欺騙之心才能安穩前進

人和人之間要的只是一個無私、無愧的互動，謹守公正，對人對事沒有欺瞞的私心，無論走到哪都能帶著滿足的微笑。

某天，某大牌律師叫秘書寫一封信給另一名律師。秘書問：「先生，這封信的開頭要怎樣寫？是『尊敬的先生』嗎？」

這名律師一聽，瞪大了眼說：「尊敬的？他在業界可是出了名的狡詐，還是人人皆知的騙子呀！你絕不能那樣稱呼，這麼吧，就寫『親愛的同行』吧！」

這個「親愛的同行」想必讓不少人忍不住笑著喊「妙絕」。這名頗有自知之明的大牌律師，似乎對自己所扮演的角色頗有自信，雖然隱隱背負著騙子之名，也自知自己有些滑頭作風，但他似乎並未因此感到不適，反而幽默正視，且反嘲同為律師的朋友。

再看看底下這個例子，同樣也是在法律世界裡的是非與嘲諷。

「你這傢伙根本是個騙子！」法庭上，原告律師怒氣沖沖地對著另一頭的被告辯護律師怒吼。

「我是騙子？你才是謊話連篇的混蛋！」被告的辯護律師也不甘示弱地喊叫回去。

「安靜！安靜！」法官猛敲著小木槌，大聲制止兩方律師的爭吵。

緊接著，又補了一句說：「現

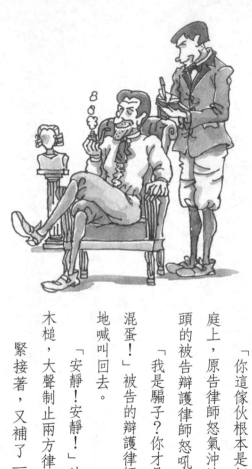

在，雙方律師都已經表明自己的身分了，那麼我們繼續審理這件案子吧！」

想想現實社會中，對於律師角色的信任與不信任，或許每個人心中各有一番感想和體悟吧！

不再談律師角色的問題，而是談論職責與工作態度的問題，身邊的前輩們不是常說：「無論你在什麼樣的工作領域中，務必要培養專業態度，更緊緊守護你的職業良心和道德，能如此，這條路你才能走得長久。」

聽見前輩們的話時，你心裡又是什麼想法？又是否認同呢？

也許有人會說，凡事總得視情況而定。只是，無論在什麼樣的情況下，最終我們要的還是一個問心無愧的結果，以及能安安心心地繼續向前進的作爲。若是有一天回首發現步步皆錯，恐怕不能像上面的故事那樣說說笑笑便過了，有可能會是讓人頻頻懊悔的窘境，甚至是陷入無法挽救的危機裡啊！

其實，人和人之間要的只是一個無私、無愧的互動，若能謹守公正，對人對事沒有欺瞞的私心，那麼無論我們走到哪兒，都能帶著自在滿足的微笑。

好一個「讓她自然休戰」，沒有口角，更沒有情緒對抗，一個小小的體貼與諒解，也表達出了他對老婆的疼愛與珍惜。

反觀故事中貧太太的一聲嘆，對照著貧先生那句「妻子是我的一切」，想來心思細膩的你也感受到太太的無知似有負亡夫的愛，是不是呢？

兩人的相處難免會有情緒，若仍要繼續相處下去，溝通出問題時，不妨轉念思考，也設身處地替對方想想，即便是一家人，也要能將心比心，也一樣要能像對待外人一般退讓著想。

省思錯誤以補能力的不足

錯了便是錯了，說再多藉口理由，結果也不可能出現變化；不如認真自省犯下的錯誤，或許下一秒，將從中得到省悟和啟發。

早上，警官將犯人放了出去，派一名刑警隨後跟蹤，希望能找到毒窟，但萬萬沒想到最後竟跟丟人了。

警官氣急敗壞地追問跟蹤犯人的刑警：「說，為什麼把人跟丟了？」

「快說啊！到底是怎麼一回事？」警官大聲斥喝著。

刑警怯怯地說：「我真的很認真在跟蹤那個犯人，直至他進入一間電影院。可是，他挑的那部電影我上星期已經看過了，所以我買了別齣電影的票。」

有這樣的警察想來不只是整個團隊的負擔，更是人們極力拒絕的合作夥伴，畢竟一個只顧著自己感受，私心關照著自己的人，任誰都無法相信吧！這名刑警不僅能力應該被質疑，對於他那自顧自地去看另一部電影，一點責任心都不見的推託之辭，實在不適宜成爲人民的褓母。

再看看下面例子，更能發現推託之辭只會暴露出自己的短處。

有個被俘虜的士兵對著看守的敵方士兵說：「我們的國王真的很了不起，你知道嗎？他每週都會到前線一次。」

敵方士兵一聽，頗不以為然地看著俘虜說：「那又怎麼樣，我們的君王更了不起，他根本不需要走動，而防線每週都會自動向他靠近。」

積極的君王總是會主動出擊，也會到前線鼓舞士氣，不會躲在宮殿內靜待外面的風雨過去，而是積極走出宮城外，肩負起自己的責任，自信十足地帶著他的士兵們突破敵軍的層層關卡，直到贏得勝利的那一刻。

反觀敵方士兵，雖然擄獲了敵對的士兵，但是從反駁的話語裡，卻也得知他們敗弱的局勢。對方的防線不斷往前，佔有的領域也越來越廣，反觀他們的領地卻是越縮越小，僅剩一小方土地卻還「得意地」自曝其短，不戰敗也難呀！

與上例員警相同，小士兵自以爲是的說辭，反而讓人更見領導者能力不足，試想能力不足，又如何能背負起責任呢？

看完故事，仔細檢討自己的處世方法，也仔細想想自己負責的事務出狀況時，是否也常和警員一樣有諸多藉口，或是和小士兵一樣，總未搞清楚自己的情況，反而令自己露出缺陷與破綻？

跟丟犯人是事實，錯了便是錯了，說再多藉口理由，結果也不可能出現變化；與其賭氣式的辯駁，不如冷靜思考敵方士兵裡的話中話，認眞自省犯下的錯誤，或許下一秒，將從中得到省悟和啓發，進而寫下人生、歷史的新頁。

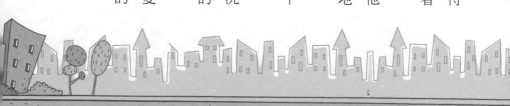

6. 想化解尷尬，不妨轉個彎說話

與人溝通不難，

關鍵就在有沒有心與人互動、溝通，

只要說得巧妙、聽得聰明，

人與人之間的溝通交流自然不會出現問題了。

相互尊重才是最好的互動

不願給人基本的尊重，別人當然也不會替你著想，人與人之間是互相的，你得不到某人的尊重，想必你也不願尊重對方。

一九二〇年，羅素到中國旅行時，可能是因水土不服，一到中國後就生了一場重病。養病期間，羅素拒絕所有媒體的採訪，沒想到這個拒絕動作竟引起了記者們的不滿，其中甚至有某一國的特派記者，竟然因此謊報羅素已經去世的消息。後來，羅素請人交涉溝通，要求該報社人員更正消息並登報道歉，但是卻被對方拒絕了。

羅素身體狀況一好轉便起程回國，在返國途中，正巧取道刊載假消息的報社所在的國家。這對該國媒體來說，當然是個十分難得的機會，各家媒體自然不會錯過這個親近大師的機會，個個使出渾身解數，積極與羅素連絡，希望羅素能給他們採訪機會。

但是，羅素對於該國報社處理事情的態度非常不滿，於是請秘書發送一份他的親筆回函給那群想採訪他的記者們，上面是這麼寫的：「因為羅素先生已死，所以無法接受採訪。」

先不論羅素的回應，我們不妨先從媒體的反應來思考，記者們因爲得不到新聞便胡亂編造甚至惡意中傷的動作，實在有損傳播媒體的專業形象與職業道德；再從「人」的角度來探討，他們連最基本對人的尊重都做不到了，又如何能得到人們的信賴與肯定？

當羅素順著報社的「希望」，親自宣佈「死亡」時，想必讓他感到非常暢快吧！

從媒體的八卦風深省，也從閱聽人選取新聞事件的角度深省，許多人偏好的是新聞事件本身的娛樂性而非正確性；聽聞意外，許多人思考的卻不是以後怎麼避免，而是盼望著視覺上的刺激感！

其實，故事中的旨意很生活化，更貼近你我，其中最基本的宗旨正是「尊重」這兩個字。不願給人基本的尊重，別人當然也不會替你著想，人與人之間是互相的，你得不到某人的尊重，想必你也不願尊重對方，不是嗎？

哲學家們的思考角度，常常讓人深思不已，羅素這個看似報復的小動作，其實是要給對方一個自省的機會。

日常生活中，其實我們也會遇到相似的情況，當人們給予我們的回應滿是不悅或厭惡時，請先想一想，是否我們也曾給人相同的對待呢？

謙虛能讓你的才能更為突出

懂得謙虛，在待人接物時我們便不致於誇大膨脹，也因為步步踏實，反而能讓我們更有自信地面對一切。

施萊艾爾馬赫是德國著名的哲學大師，不僅如此，他還是個非常專業的神學家，特別是在神職的工作崗位上表現得十分出色。

許多人都這麼稱讚他：「施萊艾爾馬赫的佈道對象非常廣泛，他的佈道真是男女老少都愛。」

的確，當其他神父佈道時，聽眾清一色都是些上了年紀的人，但是當施萊艾爾馬赫演講時，卻總能吸引來自社會各個階層的人，其中不僅有大學生，還有不少貴婦及各級官員。

不過，當施萊艾爾馬赫聽到人們這麼讚美他時，卻是這麼解釋的：「的確，我的聽眾是由學生、貴婦和官員所組成，學生們也確實是為了聽我演講而出現。不過，那些女人們來是為了監看她們的孩子，至於官員們，則是為了配合他們的女人才勉強出現的。」

聽見施萊艾爾馬赫謙虛的解釋後，我們反而更能了解他的魅力，不是嗎？

正是這樣謙卑幽默的態度，讓施萊艾爾馬赫吸引了這麼廣泛的聽眾，畢竟演講者若少了幽默感，是很難獲得聽眾的支持。因此，喜歡高談闊論的人，或是愛對屬下們精神演講的主管人物，不妨認真地培養點幽默感，台下的人們自然樂於配

合鼓掌叫好。

不過，除了幽默感之外，更不能忘記謙虛的態度。懂得謙虛，在待人接物時我們便不致於誇大膨脹，也因爲步步踏實，沒有虛構和浮誇，反而能讓我們更自信地面對一切。

畢卡索的畫作尚未得到世人公認之前，便有許多收藏家開始以高價收買，他們哄抬的價格之高，經常令其他人望之卻步，甚至連畢卡索本人都自認買不起自己的作品。

某天，有一大群好朋友來拜訪畢卡索。在屋內，他們見到牆上掛了許多畫作，不過他們卻也發現，牆上的畫作竟然全部都是別人的作品，畢卡索自己的作品連一幅也沒有。

「巴勃羅，你不喜歡自己的作品嗎？」朋友忍不住提問。

「不，我非常喜歡自己的創作，但是那些舊作實在太貴了，我買不起。」

畢卡索這麼回答。

眞是因爲買不起嗎？

當然不是了，一向最肯定自己創作天分的畢卡索，應該比別人更懂得自己作品的價值，也無須花錢去買，不過當人們一窩蜂地拉抬他的作品價格時，他更懂得去尋找和自己截然不同的創作。

也許，我們可以這麼猜想，對他來說，與其高掛自己的作品，不如多欣賞其他藝術家的作品，更能讓他激發出全新的創作靈感。

生命本身不必過分張揚，低調謙虛反而更能表現出你的不凡，好像畢卡索一般，又如施萊艾爾馬赫一樣。

試著從幽默的角度切入

繞到另一個角度來看事情，要有自己的想法，要能獨立的思考，如此我們才能做出最公正且客觀的評論。

德國哲學家尼采因為對女性充滿仇視，因而一生都不願與女人接觸，他曾經提出這樣一個想法：「男人應該接受戰爭訓練，女人則應該接受這些戰士們的訓練。」此外，他還提出這麼一個說法：「你準備到女人那裡嗎？別忘了帶著你的鞭子去啊！」

不過，如此極端的想法自然有人要提出反駁了。當時對尼采十分感冒的英國著名哲學家羅素，便對尼采的哲學思想頗為不滿，還曾公開挖苦他說：「十個女人之中，至少有九個女人會讓他把鞭子丟掉，正因為他明白這一點，所以才急著避開女人。」

想想兩個著名的哲學家爲了「女人」爭執不下的情況，你是否不覺莞爾？

事實上，當羅素從另一個幽默角度切入時，與其說是挖苦尼采，不如說是有意要爲尼采爭取同情的，就羅素的角度來看，也許尼采一生不願碰觸女人，是有著什麼樣不爲人知的苦楚吧！

他嘲諷尼采，正是因爲逃不開女人，所以對女人充滿恐懼與厭惡之心，在這個幽默風趣的嘲諷中，反而沖淡了尼采那偏激又可怖形象，不是嗎？

這就是羅素的思考特色。

有一天，羅素在花園深思時，有朋友們來訪，一走進門，便看見羅素正雙眼凝視著屋外的花園，似乎正陷入沈思之中。

一位朋友忍不住好奇地問他：「你在想什麼？」

羅素這麼回答：「每當我和任何一位科學家談話之後，我會肯定自己此生已經沒有幸福和希望了；但是，每當我和我的花園談天之後，我卻深信人生充滿了陽光與希望。」

說到最後一個字時，羅素的眼底似乎也閃著光芒。

羅素便是在這樣不斷的反省中尋找答案，他沒有尼采的固執偏頗，不會凡事總往極端想，因而能擁有更寬廣的生活視野，並找到樂觀的人生方向。

不論你認不認同尼采帶有大男人主義的說法，我們都應該跟著羅素的思維再想一想，繞到另一個角度來看事情，無論是認同還是鄙視，羅素只想提醒我們：「聽人言論，不該一味地吸收接受，我們要有自己的想法，要能獨立的思考，如此我們才能做出最公正且客觀的評論。」

善用智慧替自己爭取機會

我們站在人生這舞台上，無非就是想竭盡所能地表現自己，所以當我們的機會受到阻攔、侷限時，就應該用智慧爭取。

喜劇大師卓別林曾經編導過這麼一部喜劇片，內容是西方國家為了打通宇宙間的道路，決定將一隻狗發射到其他星球上去試驗。影片中，由卓別林扮演的主角聽到這個消息後，連忙跑去向官員們提出要求：「我願意替狗去做試驗。」

「為什麼呢？」

「因為我比狗更便宜，而且比狗窮！」他不平地說。

在這一句「比狗便宜，比狗窮」的台詞裡，十分深刻地表達了當代人們對於科學研究的付出，也隱約傳達了對人類環境缺乏關愛的警訊。

這是戲劇最大的功用，幾乎所有的表演工作者都懂得運用借喻和反諷的方式，來表現心中或是教化的目的。

其實，無論是與人溝通或是想表達對人事物的省思，越是直接的對抗，往往越容易達到反效果。相反的，若是加一點幽默或是借題應用，以間接的方式表達心中的感想，不僅能深入人心，也更能達到讓人聆聽、反省的功效。

德國演、唱雙棲明星昂札曼恩在柏林劇院演出時，最喜歡即興發揮，然而，

他這即興演出的天分卻害慘了與他搭檔的演員，每每在昂札曼恩即興表演時，他們總是站在台上無所適從，十分尷尬。

因此，導演不得不要求他：「請你別再搞什麼即興創作了。」

第二天表演時，他乖乖地騎著馬上台，台詞也乖乖地配合著劇本演出，但是就在這個時候，馬兒居然在台上撒尿了！

這個突發狀況引得台下觀眾們個個捧腹大笑，昂札曼恩忽然厲聲斥喝馬兒：「你怎麼可以忘了呢？導演不是不准我們即興演出的嗎？」

反應靈活的昂札曼恩不忘借題發揮，藉機表現他心中的不滿，畢竟對一個充滿表演細胞的表演者而言，面對創作空間受到壓抑，肯定痛苦萬分，甚至當他再次站上舞台表演時，恐怕也不再精采了。

沒有人喜歡被人侷限，更沒有人喜歡被壓抑否定，因爲我們站在人生這舞台上，無非就是想竭盡所能地表現自己，讓自己能活得更加精采，所以當我們的機會受到阻攔、侷限時，應該做的不是隱忍，而是用智慧爭取。

想化解尷尬，不妨轉個彎說話

與人溝通不難，關鍵就在有沒有心與人互動，只要說得巧妙、聽得聰明，人與人之間的溝通交流自然不會出現問題。

說話除了要說得巧妙外，人際溝通還要能夠聽得聰明。換個角度說，當大家都學會修飾話語時，我們也要懂得聆聽，聽出對方話裡的弦外之音或暗示，方能聰明地配合對方眞正的需要；當彼此的心意能微妙互通時，人與人之間自然不會一再出現阻礙和誤解了。

有一次，德國明星克洛普弗演出時，忽然忘記台詞了，於是望著台下的提詞員弗勞，等著他給點提示。

但是，弗勞卻一直都沒有動作，似乎沒有注意到克洛普弗已進行到哪裡了，於是現場出現一片帶著尷尬的寂靜氣氛。

為了掩飾這個情況，克洛普弗對同台演出的人說：「你能不能告訴我，弗勞近來身體好嗎?是不是生病了?」

聽見克洛普弗莫名其妙地這麼問，與他對戲的演員完全摸不著頭緒，只得默默地聳聳肩膀，表示不明白。

因此，克洛普弗看著對方，嘆了口氣說：「我很久沒有他的消息了!」

爲了掩飾自己忘詞的尷尬，也是爲了幫弗勞遮掩過失，克洛普弗機智地想出這麼一個辦法，但是不僅弗勞未能注意，就連與他對戲的演員也不懂得即興配合演出，難怪克洛普弗最終會那樣無奈地嘆息。

要學習聽出人們的暗喻，更要聽得懂人們的幽默比喻，簡單來說，前者需要的只是動一動腦，就能思考出其中答案；可是，後者除了動腦之外，我們自己本身還要有相同的幽默感，才能明白其中的趣味與本意。

美國喜劇演員格勞喬．馬克斯便曾遇見這麼一個機會。某天，他換上一件破爛的衣服，來到自家的花園中整理花草。

這時有位鄰居婦人看見渾身髒兮兮的他，忽然停下了腳步，對著他說：「喂，園丁，這一家的主婦付給你多少錢啊？」

格勞喬．馬克斯抬起頭說：「噢，我沒收任何錢，這家的女主人只有要求我得跟她睡覺而已。」

這句話如果是被正經八百且腦袋轉不過來的人聽見，肯定要大喊：「變態！」

但如果是思考靈活且生性幽默

的人，他們應該會這麼爲自己扳回一城：「這樣嗎？那很抱歉，我跟人睡覺從來都是對方付錢的！」

想一想上述情況，換作是你，你應該會怎麼解決呢？

幽默感不是與生俱來的，而是從生活中慢慢累積而來，更要靠我們自己多加應用，好像體貼的克洛普弗，因爲顧及弗勞的感受而以旁敲側擊的方式，反過來提醒弗勞的責任。

至於格勞喬·馬克斯也一樣，爲顧及鄰居婦人不識鄰人的尷尬，而以幽默回應，這之中都充分展現了他們的溝通智慧。

其實，想要與別人輕鬆溝通並不難，關鍵就在我們有沒有心與人互動、溝通，只要有心，就能學習說得巧妙、聽得聰明，人與人之間的溝通交流自然就不會出現問題了。

耍點花招就能有效行銷

只要產品或創作裡盡是真實情感，經營者能以誠懇用心的態度經營，那即使行銷宣傳時只用一點小技巧，也能得到顧客們長久的支持。

一九三七年，現代藝術博館在美國首次舉辦梵谷的畫展，喜歡用花招來吸引觀眾目光的藝術家休・特洛伊，認為梵谷的繪畫作品很難吸引成千上萬的人來觀賞。因而他尋思著：「如果能想出一個危言聳聽的宣傳花招，像是畫家私生活之類的內容，應該能吸引大量的民眾進場。」

於是，特洛伊將牛肉剁碎，並將它做成一隻人的耳朵，然後擺放在一只精緻的天鵝絨盒子中，送到展覽館陳列，盒子下面還貼了一則註解：「一八八八年十二月二十四日，梵谷割下了這隻耳朵送給他的情婦——一個法國妓女。」

果然如特洛伊所預料的，盒子一陳列出來後，立即吸引了大批觀眾進場，而他們幾乎全為了「梵谷為一個法國妓女割下的耳朵」而來。

換個角度想，如果特洛伊當初只用「梵谷的耳朵」爲題，沒有加料注釋，進場的人數恐怕就不如預期了，那麼到底是什麼原因讓人們接踵而來呢？答案正是特洛伊提出的：

「私生活與危言聳聽！」

從行銷學的角度來探討，爲了吸引群衆的目光，或是挑起觀衆的好奇心，企劃人員當然必須想出一個能激越人心的好主題，想出一個最能吸引人們目光的目標，甚至引人迷失其中。

就商人的角度來說，這當然是增加產值

的好方法，但是就道德的角度來說，一味探人隱私的好奇心，很容易讓人失去善良的本性。爲了滿足心底的好奇，爲了誘引消費，雙方的口味都會越來越重啊！

要避免以上的情況，就得在加重口味的同時，添入一點淡口味中和，例如以藝術來說，藝術品或藝術家最終得回歸藝術本質，人們眞正要學會欣賞的不是藝術家們的私生活，而是藝術家們從生活中累積出來的創意之作。

關於這一點，交響樂之父海頓便發揮得十分精采。

每次海頓在擔任指揮時，有許多故作風雅的貴族都會前往聆聽，問題是他們一個個都不懂音樂，因而從台上往下看，常常看見點頭打瞌睡的動作。

海頓發現這個情況後，便特別創作出一曲「驚愕交響樂」，這首交響樂曲開始時，旋律十分柔和，似乎是有意要催貴族們入睡，事實上，當輕柔的旋律在音樂廳中繚繞後，台下的觀眾很快就出現了「點頭」的動作。

但是，演奏來到某一章節時，輕柔的音樂突然轉為強烈音律，同時還伴著大炮式的鼓聲：「咚！咚！咚！」

那一陣又急又響的鼓聲，頓時將睡夢中的貴族們全嚇醒了，只見他們一個個張大了嘴巴，目瞪口呆地看著台上的指揮，只不過在他們打起精神要好好聆聽時，卻已是準備起身鼓掌的時候了。

由海頓的例子可知，吸引觀眾的方式要有點技巧，像看似有意要貴族們難堪的樂章，其實是要讓他們明白表演者的苦心。海頓不選中間段落吵醒他們，偏偏選在最後結束時，無非就是要讓台下觀眾明白：「表演者再辛苦都無所謂，但不管你們在不在乎，最重要的是，請務必要給他們肯定的掌聲！」

回顧特洛依加料的宣傳花招，或者他最終的目標其實也是想讓群眾願意掏錢買票，進場欣賞更多梵谷的作品，那麼我們不也可以這麼說：在收益與商業道德之間，我們其實並不難取得平衡，只要產品或創作裡盡是真實情感，經營者能以誠懇用心的態度經營，即使行銷宣傳時只用一點點小技巧，也能得到顧客們長久的支持。

生活的趣味，來自幽默的應對

當你和朋友交流時，別忘了多一點想像，多用一點巧思，慢慢地你就能幽默風趣，成為一位人見人愛的生活藝術家！

歐內斯廷．舒曼是德國著名的女低音，是華格納歌劇最為優異的詮釋者。長得胖嘟嘟的舒曼，胃口非常好，不僅食量大，而且還懂得品嚐美食，因而人們給了她一個「美食專家」的封號。

某一天，大胃王恩理科．卡魯索走進一家飯店時，便看見舒曼也在餐廳裡用餐，只見她正準備大口咬下桌上一塊大牛排。於是，恩理科．卡魯索來到她身邊，對她說：「舒曼，妳一定不會『單獨』將這塊牛排吃了吧？」

「你真是聰明，我當然不會就這麼『單獨』吃囉！」舒曼說完，便輕輕地咬了一口牛排。

聽見舒曼這麼說，卡魯索認為她願意與他分享呢！只見他拉開了舒曼身邊的椅子準備坐下，但還沒等他坐下來，舒曼吞下那一小口牛肉後，卻這麼說：「『單獨』吃多沒意思啊！我還要和著馬鈴薯一塊吃才夠味。」

很有意思吧！舒曼的一個小停頓，不僅誘引了卡魯索的食慾，還爲自己帶來了用餐的趣味。其實，生活本身就是一種藝術，想完成這個藝術品，便得看我們怎麼過生活。回到故事中，無論從舒曼的角度來看，還是從卡魯索的立場來看，因爲「單獨」這個字詞的幽默運用，讓我們看見生活的趣味性。

另外還有一個事例，是在美術館中發生的。

當時，有個男子原來是站在一幅油畫前觀賞，但過一會兒，卻見他在這幅畫作前方的平台上坐了下來，還忍不住大聲讚美著：「啊！這真是天才之作。」

男子邊讚嘆，邊對站在他身邊的一位男士說：「我真希望能將這些不平凡

的色彩全帶回家。」

這位男士答道：「先生，您將如願以償！」

「真的嗎？」男子滿臉驚喜地問。

其實，這名男子正是這幅畫的作者，所以他回答說：「是的，因為您正坐在我的調色盤上。」

在以上兩則小故事中，其實都只用了一點點巧思妙語，便讓生活滿是漂亮的色彩，而你我的生活中，最欠缺的不正是像這樣的趣味巧思嗎？

現在，你是不是很羨慕他們的生活趣味呢？那麼，當你和朋友交流時，別忘了多一點想像，多用一點巧思，慢慢地你就能和他們一樣幽默風趣，成爲一位人見人愛的生活藝術家！

多點想像力，自然有創意

那些看似不尋常的呆傻表現，其實只是因為把聰明和智慧預留在更重要的人生大事上罷了，所以被人笑呆傻又何妨！

以拍攝驚悚恐怖片出名的英國導演阿爾弗雷德·希區考克，有天正認真地看著妻子做蛋奶酥餅。

只見餅乾已經初步完成了，只要放進烤箱中烘焙就好。然而，當妻子將酥餅放進烤爐時，希區考克卻仍然瞪大了雙眼，直楞楞地盯著爐子。

「那裡面正在做些什麼呢？」每隔幾分鐘，這位電影大師都會對爐子提出這個問題。他的聲音壓得很低，好似深怕會被蛋奶酥餅聽見，又好像他正想像著餅乾發怒時的恐怖情景。

酥餅的香味開始散發出來了，希區考克的太太這時走了過來，然後打開爐子的門，撲鼻而來的正是餅乾誘人的香味，她將放餅乾的托盤取了出來，並放在餐桌上讓它們快快散熱。

這時候的希區考克呢？當其他人辛苦地嚥著口水，苦苦等待品嚐餅乾的時刻，香味滿溢的可口酥餅卻沒有吸引希區考克的食慾，因為他早已被莫名的緊張情緒搞得精疲力盡了。

只見這名大導演氣喘吁吁地說：「不行，下次老婆再做酥餅時，我一定要請她買個有裝透明玻璃門的爐子，這樣我才能看清楚裡面到底發生了什麼事，我實在受不了這樣驚悚的想像了。」

以拍攝恐怖懸疑片而聞名的希區考克，有不少研究者對他充滿好奇，相信你也曾好奇過怎麼有人可以把恐怖氣氛營造得那樣眞實，可以把劇情安排得那麼詭譎神秘，現在，這則軼聞應該已經解開你心中的疑惑了吧！

別再以爲他是因爲有顆超大腦袋，所以才能裝載那樣豐富且多元的想像與創意了，事實上，大導演的創意正是源自他那永遠停不下來的觀察熱情，和永無止盡的好奇心。

別以爲藝術家們的腦袋與常人有異，他們只是不喜歡和我們一樣直線式地思考問題，偏愛選擇與我們相反的方向，逆向尋找他們想要的答案而已。這就好像當年被送進精神病院的奧地利作曲家胡戈．沃爾一樣，他的病是眞是假，只有他自己才知道，旁人始終難得眞相。

其中，有個事例正可證明這個矛盾。

在三十七歲那年，胡戈．沃爾被醫師判定為精神異常，旋即便被送進一家精神病院接受治療。

有一天，沃爾夫忽然指著醫院餐廳裡的大時鐘，問身旁的護士說：「那個時鐘有毛病嗎？」

「當然沒有問題啦！它走得非常準確！」護士說。

只見沃爾夫搔了搔頭說：「是嗎？那它來這裡幹什麼？」

所謂的大智若愚，應該就像這兩位大師表現出的好奇心和童心吧！那些看似不尋常的呆傻表現，其實只是因爲他們把聰明和智慧預留在更重要的人生大事上罷了。

所以，被人笑呆傻又何妨，說不定更經典懸疑的畫面設計或劇情安排，正是從酥餅烘烤時的微妙變化中想像出來的啊！

選擇正確才不會後悔

做過的事無法挽回，即便後悔也沒有任何補救效果，因此做任何事前，都應該考慮再三，以免之後出錯，如此自然能避開「後悔」。

英國哲學家赫伯特·斯賓塞是個獨身主義者。

有一天，他在路上遇到兩位老朋友，其中一位朋友忍不住勸他：「你確定要選擇獨身嗎？你不怕有一天會後悔嗎？」

斯賓塞神情愉快地回答：「每個人都應該很滿意自己所做的決定，我當然也很滿意自己的這個決定，絕不感到後悔；而我也經常這麼提醒我自己，在這個世界上，有個女人就是因為不能成為我的妻子才能得到真正的幸福。」

好一個爲女人著想的體貼話，反觀其他多數的獨身主義者，大都是以較偏頗且否定對方的角度來解釋獨身的理由，反而讓自己對世界的看法越來越偏激，似乎全世界的人都對不起他們。

除了幽默地說出獨身理由之外，其實文中斯賓塞眞正要傳達的是「不後悔」這個觀念。雖說未來的事很難說，但當下決定的事終究是我們深思熟慮後的選擇，即使將來出現任何變動或修正，反正路已經走過，我們就不必爲已逝的過去感到悔恨了。但是，相對的，因爲做過的事就已無法挽回，即便後悔也沒有任何補救效果，因此我們做任何事前，都應該考慮再三，以免之後出錯，如此自然能避開「後悔」。

像在某一次會議中，有隻蒼蠅一直在卓別林頭上兜圈，使卓別林不得不一直用手拍打牠，只是這隻蒼蠅實在太狡猾了，他拍了好幾次，都未能拍著。最後，有一隻蒼蠅忽然停在他的面前，卓別林一看連忙拿起拍子，準備給牠狠狠一擊。但是，不知道什麼原因，好不容易等到了襲擊的機會，卓別林卻不動手了，只是用眼睛緊緊盯住那隻蒼蠅。

「你為什麼不打死這隻蒼蠅呀？」旁邊的人忍不住問他。

沒想到他聳了聳肩說：「不，牠不是剛才惹我的那隻蒼蠅，我要是輕率地揮下拍子，之後一定會因打錯而後悔！」

你聽，卓別林和斯賓塞正同聲告訴我們：「對於過往所做的事，後悔是無濟於事的，那只會拖慢我們前進的腳步；要避免這種情況，就要事前多考慮。」

7. 老用心機，只會累壞自己

過分縱容私心，最後損傷的肯定會是自己，

若事事皆計較，時時都用心機，

不僅生活難得滿足，

人生路更容易走向偏差。

換個角度糾正錯誤

若不想受罰，不想被人佔便宜，那麼我們便得理性思考下一步是對或錯，並且更冷靜面對人事的爭執。

作家斯湯達曾經寫道：「惡劣的情緒不僅會損壞一個人出眾的才華，也會使人表現出蔑視一切的態度。」

不懂得控制自己的情緒，動不動就發怒，是粗鄙、淺薄的特徵。真正成熟睿智的人，既不會被自己的情緒擺佈，也不會用情緒勒索別人，而是會冷靜而理性地面對問題。

警察剛抓到一個現行犯，那小偷正極力撇清：「警察先生，我沒有罪。我只是被人利用的工具而已，工具是沒有罪的呀！比方說，如果有一個人用刀殺了人，那麼錯的不應該是刀，而是人才對呀！」

警察點了點頭說：「是嗎？那你是說你是被人利用的工具囉！」

罪犯用力地點頭說：「是的！請您放了我吧！」

只見警察搖了搖頭說：「不，得請你跟我到警局一趟。」

「為什麼？我又沒有罪！」犯人大聲地辯駁。

警察冷靜地說：「別動！因為按照法律，『作案工具』是要被沒收的。」

這小偷還真會掰，犯罪被抓之後，硬是把責任推光光，還以爲這樣的藉口會讓他躲過責罰，只是他恐怕沒料到，這個警察智慧過人，又輕巧地把責任再帶回他身上，反駁得小偷啞口無言，面對如此聰明的執法者，想必再狡猾的賊也逃不出法網吧！

類似的情況，當巴布洛這個老愛口出惡言的問題人物，碰到機智聰穎的法官時，也只得乖乖認罰了。

有一天，巴布洛又因為辱罵鄰居而被罰錢了，這次還是為了一個「豬」字，法官這一回罰了他五十塊美元。

巴布洛一聽，連忙抗議道：「法官先生，您這麼做怎麼對？上一次我不也同樣罵他是頭豬嗎？當時您只罰我三十塊美元呀！」

「我知道，但很抱歉，這件事我實在無能為力，因為豬肉已經漲價了。」法官神色平靜地說。

讓人捧腹大笑的「豬肉漲價」四個字，應該給了巴布洛些許警惕吧！

看得出巴布洛是個頗情緒化的人，所以才會常常口出惡言，處處得罪人，仔細想想，其實不少人和巴布洛一樣，怒氣來了總得一股腦地傾洩而出。但是，事情眞的非得弄得那麼嚴重嗎？

次數多了，法官自然不想再處理這樣的芝麻綠豆小事，所以把罰金加重，同時也讓巴布洛明白一件事：「別再口出惡言到處傷人了，不管你罵人的理由多正當，這行爲始終是不對的。希望你能從這樣的判決中得到教訓，然後學會萬事以和爲貴的道理。」

這是警察和法官的智慧，從中你是否也學到了些什麼？

是非對錯總有一個標準，別想逃避責任，若不想受罰，不想被人佔便宜，那麼我們便得理性思考下一步是對或錯，並且更冷靜面對人事的爭執。

夜間時分，有兩位英國法官騎著腳踏車在街上閒逛，很巧的是，這兩名法官車上都沒有裝車燈，因而被警察攔了下來，最後案子還被移送法院審理。開庭前，兩位法官互相約定，相互審判對方的案子。

第一位法官認了罪，被輕輕判罰一英鎊。接著，第二位法官也認了罪，但是他卻被判罰一百英鎊。

這可氣壞了第二位法官，他大聲斥責：「這太不公平了吧！在法律之前不是人人平等嗎？」

那位同僚法官說：「這道理我當然知道，只不過最近這類案件實在太多，像今天便出現了第二件類似的案子，所以，我不得不懲一儆百。」

眞是爲了懲一儆百？還是有心較量和對付？不同的人想必會有不同的解讀。如此明快果斷的審判，就事論事雖很難說誰是誰非，但若就情理層面思考，第二位法官的作爲始終是種背叛行爲。

不論兩個人私下暗通之非，一方顧及首犯情況和同事情誼，只小小地給了對方一點警告，可另一方卻惡狠狠地給了對方一個教訓，這看似公正的堅持，實則隱約間帶著有心捉弄的惡意，因爲那「百元英鎊」的判決，應該老早就在他心中有了定見。

處事明快果斷是必須的，情理法也本該有所區分，只是仍得留意過與不及，太過了，反而容易招人怨懟與不服；反之，不及也不好，以第一則故事爲例，再任由他「好好想」，徒然浪費大家的時間和金錢。

總之，解決事情要多用心拿捏衡量，在必須明快解決時，採用冷靜果斷的強硬手段；在必須顧及他人心理層面和精神感受時，適度給予一點體貼和關照，或者更能讓麻煩事輕鬆過關。

展現風采以贏得青睞

只要能好好展現出個人的智慧與魅力，讓人看見你卓越的才能和本事，就算是敵人也願意與你握手談和。

在法庭上，法官正在審問一名罪犯：「你真敢發誓，這幾起盜竊案都是你一人所為？真的沒有其他同夥？」

「是的，法官大人，以您的智慧不可能不知道，想在現今社會中找到一個志同道合的人，那可是一件非常困難的事呀！」小偷滿臉不悅地說。

你對這小偷的答案有什麼想法？是不是覺得頗有道理呢？

雖然這話從他嘴裡說出來，實在讓人覺得又好氣又好笑，可是我們還眞無法否定他的觀感。仔細想想，在現今社會中想找到一個志同道合的人確實不易，倒不是說幹小偷這一行很難找到志同道合的人，而是平常生活中，我們想找個志向相同的夥伴一同努力逐夢，也是同樣困難。

這種現象不免又讓人想到了人性的私心與現實，成功了人人搶著佔功勞，失敗了則一個個逃得遠遠的，就像兔死狗烹之事總時有所聞。

只是，就算找不到志趣相投的人，我們也不能忘了學會自保之道，因爲夥伴不好找，但敵手卻總是早早環繞在你我身邊，就像阿布．納瓦斯一樣。

某一天，國王事前交給十位大臣一人一顆雞蛋，然後對他們說：「明天你們記得帶著這顆蛋到水池邊。」

隨後，他召來阿布・納瓦斯和大臣們，並向他們宣佈：「聽好了，明天你們都得潛入水底，要是有人無法從水底拿出雞蛋來見我，那個人就要受到重罰。」看來國王又故意出難題給阿布・納瓦斯了。因為，沒被分配到雞蛋的阿布・納瓦斯該怎麼辦呢？

第二天，阿布・納瓦斯潛入水池裡四處尋找，但他連顆小石子都摸不著，更別提雞蛋了，在此同時，他卻聽見其他大臣紛紛浮出水面，然後大聲地說：「找到雞蛋了！」

大臣們一個又一個上岸，阿布・納瓦斯這才省悟到，是國王設圈套想整他。於是他靈機一動，學著公雞啼叫上岸，接著他對國王說：「大王，會生蛋的從來都是『母雞』，換句話說，我便是『公雞』呀！」

國王不解地問道：「這怎麼說？」

「他們個個都有蛋出來，可是沒有公雞，母雞又怎能下蛋，您說是不是呢？」阿布．納瓦斯這機智的答案，讓國王哈哈大笑不已。

是的，在這樣的世道下，人就是要像阿布．納瓦斯一樣，用智慧來保護自己，突破眼前的困難。

在生活上或職場上，無論面對什麼樣的人物，我們都要要求自己能有如此智慧和勇氣，遇事不慌不亂，碰上麻煩更能轉念想到辦法，這樣一來不僅能給有心爲難者一個重重回擊，還能順勢展現出機智風采，輕鬆贏得人們的讚嘆與信服，就像阿布．納瓦斯讓人激賞的機智一樣。

不如再聽聽阿布．納瓦斯在故事中還未說完的話：「只要能好好展現出個人的智慧與魅力，讓人看見你卓越的才能和本事，就算是敵人也願意與你握手談和；即使是一心想與你較量的對手，也不得不佩服你的聰明自信！」

悄把霍加的葫蘆解下，然後繫在自己腰上。

霍加一覺醒來，摸不著腰上的葫蘆，於是他四處望去，卻見一個人腰邊繫了一個葫蘆。這時，霍加故作驚慌狀，指著那個友人說道：「天哪，我現在變成那個人了……」

跟著，他抬頭望著天說：「那麼，這個我又是誰呢？」

霍加故意裝傻的模樣，想必十分有趣，因爲怕被人忽略所以繫了個葫蘆，沒想到還眞起了作用，這葫蘆確實成爲人們戲弄的目標，而霍加出人意料的反應，想來已讓他在接下來的旅程中成爲衆人注目的對象，不會被人忽略。

其實，愛耍小聰明的人常是假聰明，老愛裝傻的人常是眞聰明。在這些裝呆賣傻的反應中，不也讓我們想起一些人事物，更會發現那些愛賣弄小聰明的人，確實不如行爲傻氣的人可愛。人們常說傻大姐、憨大呆那類型的人容易被欺負，但他們似乎一點也不以爲意，反而常笑著說：「沒關係啦！」

就是這樣，一顆顆簡單包容的心，一張張微笑淡看的臉，任誰都著迷呀！

處世要有準備，更要有智慧

處世要多一點「遠見」，更要多一點「智慧」，想有個圓滿的結果，我們便得學會冷靜處事，並預先做好妥當的準備。

湯姆警官每次在處理酒鬼鬧事時，都會挑一個又瘦又小的警察作伴。另一個同事不解地問他：「湯姆，你們可是得和那些失去理性的酒鬼搏鬥，但你挑的人都那樣瘦弱，恐怕很難幫你什麼吧？」

「是啊！不過你想一想，今天如果有兩個警察抓住你，其中一個比另一個還要瘦小許多，你會先打哪一個？」湯姆笑著說。

按常理，當然是那個比較弱小的人倒楣，只是身爲湯姆夥伴的警官，聽到這話恐怕會氣得牙癢癢。

在職場上，我們確實常見這樣的同事。若是好事，他們總用盡心機地搶著做；若是壞事，就一個個躲得遠遠的，只想著如何把責任全推給別人。

若要談論人們沒有責任心和小心眼的話題，例子肯定不少，只是從這個事例中換個角度想，暫且不理會湯姆的私心，就個人角度來看，這個幽默可笑的理由卻也有其正面的討論空間。

試想，警務工作的危險性人人皆知，若是天天都弄得渾身是傷回家，想必家人肯定天天都要過著提心吊膽的生活。比起一味地把危險推給夥伴，不如找個比他能力更強的夥伴，最好體魄足以鎮懾那些壞蛋，這樣一來是不是更正面積極且有效率呢？

懂得未雨綢繆本非壞事，只是要用聰明的方法，每一步都要用智慧思索、安排。

處世要多一點「遠見」，更要多一點「智慧」，不是抓別人當沙包挨打，問題就能解決，人和人之間更不是吵完了就可以事過境遷。想有個圓滿的結果，我們便得學會冷靜處事，並預先做好妥當的準備。

把握住自己才能解決難題

所謂的智慧巧思其實一點也不複雜，只不過是從最簡單的角度去思考問題，也從我們早忘了的單純角度去尋找答案。

霍加去世前不久，請了不少朋友們到家中，並向他們說出自己的遺願：「我死了之後，麻煩你們將我的頭朝下安葬吧！」

「為何要這樣？」朋友不解地問。

「因為，當世界末日到來時，一切都會是底朝天而地翻過來的情況，到時我就會是直直站立的狀態呀！」霍加說。

經常瞻前顧後的霍加確實與眾不同，連死後該怎麼安葬也有一套獨特而有趣的想法。

確實，很少有人會想到死後的變化，只是，就算這大地眞有一天翻覆，也早做了預防，但還是會有出乎意料的情況發生，那智慧大師的幽默遺言豈不是一點意義也沒有？

當然不是了，坦然面對死亡的霍加，其實仍然盼望著能掌握自己的未來呀！這個要求倒立安葬的遺言，其實還告訴人們：「世界上雖有許多無法預期的事，而未來變化也很難掌控，但無論如何，請好好把握住自己，因為無論這個世界怎麼變化，只要能把握住你自己，事情總能如你所願的。」

聽著霍加的隱喻，你得到了怎樣的啓發？

靜心想想，然後再聽一則霍加生前的小軼事。

那時，霍加剛從外地回到自己的家鄉，在熟悉的街道上，帶著饑餓的肚子到處逛。霍加不自覺地摸了摸口袋，但他的口袋裡早就空無一物，根本無法掏出幾個零錢買東西裹腹。

就這樣，霍加在市集上轉來轉去，忽然他聞到一陣麵包香，那是從不遠處的一間麵包店裡散播出來的香氣。那時正是麵包出爐的時間，霍加快步走進麵包店前，正巧看見老闆剛從爐子裡取出還冒著熱氣的麵包！

令人著迷的香味直撲霍加的臉鼻，他忍不住對著坐在角落裡的麵包師傅說：「老師傅，請問這是您的麵包嗎？」

麵包師傅點了點頭說：「是我的！」

霍加趕忙追問：「親愛的老師傅，您是說，這些麵包統統是你的嗎？」

麵包師傅被問得有些不耐煩，口氣不佳地說：「是，你怎麼囉嗦個沒完啊？是的，這些全部都是我的啦！」

只見霍加臉上堆滿了殷勤笑臉，說道：「可是，這麼多麵包您為什麼要用看的呢？我們快吃了它，不然冷了可就不好吃囉！」

總想把握住每一分每一秒，也隨時隨地都想把主控權操在自己手中的霍加，在這則故事中，再次展現了他的聰明才智和積極把握的企圖心，他沒有像一般人一樣苦苦哀求對方施捨，而是冷靜地牽引著麵包師傅走進他的談話遊戲中。

仔細想想，這些麵包原本是要用賣的，卻被霍加悄悄模糊成「純粹是師傅的」，然後積極地提醒師傅「麵包出爐了本該趁熱吃，而不是看著」，這帶點淘氣的歪理催促，猜想這老師傅大概會被他的苦心設計逗弄得哈哈大笑，最後還送給他一個熱騰騰的麵包吧！

所謂的智慧巧思其實一點也不複雜，只不過是從最簡單的角度去思考問題，也從我們早就忘了的單純角度去尋找答案，然後便能輕輕鬆鬆地表露出一個智慧表現。所以，下一次別再把事情想得那樣複雜，在面對紛紛擾擾的世事時，不要隨之起舞，把握住自己，就不會迷失前進的方向，並能輕鬆解決問題。

老用心機，只會累壞自己

過分縱容私心，最後損傷的肯定會是自己，若事事皆計較，時時都用心機，不僅生活難得滿足，人生路更容易走向偏差。

在律師事務所裡，律師正在對一名客人說話：「朋友，請您毫無隱瞞地告訴我，您真的在芝加哥銀行那兒搶了十二萬美元嗎？」

「我願向上帝發誓，我真的沒幹那種事。唉，我怎麼會有那麼多錢呢？我可是個身無分文的窮小子呀！」客人說。

沒想到律師一聽，竟瞪大了眼說：「這樣啊，在這種情況下，我真不知道要怎麼當您的辯護律師了。」

客人不解地問律師：「怎麼說？你剛才不是說會幫助我嗎？」

律師苦著臉說：「因為我現在才弄清楚情況啊！我可不想辛苦了大半天，卻沒人支付我酬金呀！」

很多時候人們伸手幫忙，看似心意善良，事實上等著的卻是對方的感激，心中悄悄盼望著的是人們的回饋。人們將這類型的人歸納為「偽善」，當然，故事中的律師也是這種類型的人。

環視這個社會中或你我身邊的人們，你能辨識出其中真偽，也能坦率指出是與非、對與錯嗎？

如果可以，想來你必是個難得的正直人物，也必定會獲得許多人的敬重和欣賞。假若略有偏差，不妨認眞看一看自己，省思這其中的利弊得失，接著不妨看看下面這個年輕人怎麼看待他父親的作爲。

年輕律師第一次打官司就贏了，他回到家，開心地對老律師父親說：「爸爸，你還記得你經手的那宗約翰和彼得的案子嗎？那件沒完沒了的官司，我只用了一個月便把它順利地解決了呢！你看，連律師費都拿到手了。」

「嗯！」老律師笑著點了點頭。

「可是，有件事我真不明白，那件案子並沒有想像中麻煩啊？你怎麼會拖那麼久呢？」兒子不解地問。

老律師搖了搖頭，意有所指地說道：「孩子啊！不然，你以為我哪有辦法供你讀完法學院呢？」

老律師看似理所當然的答案，但不知道一心想當律師，好爲人們主持公道的年輕律師，聽見父親的說辭是否能夠接受？爲了從委託人身上多賺點錢，所以讓官司一拖再拖，看似合理正當，事實上呢？

或者我們從年輕律師迅速解決的動作上，得到了一個很好的省思方向，做人處世難免有私心，但是若過分縱容私心，最後損傷的肯定會是自己，試想當兒子聽見父親遲遲未決的原因竟是爲了「多賺錢」，而不是小心力求公平正義的緣故，心中將會是怎樣的難堪？

一心爲己是人類難以避免的天性，但若事事只顧及一己之私，卻不懂得關懷他人，完全否定無私助人的充足和快樂，那麼其中的得失，恐怕只有等到嚐到了才知箇中滋味。

只關照自身利益會害人害己

無論面對何種工作，都要有敬業的精神與公正的態度。一味自私關照著功名與利益，看似誤人，其實傷害最深的還是你自己！

昨天那個來報案的貴婦匆匆地走進警局，但此刻的她，臉上卻滿是微笑。她對警察說：「很抱歉，警察先生，昨天我到這裡報案說失竊了一件貴重的珠寶，但今天早上我發現那東西掉在一個隱密的角落，這……珠寶其實沒有不見，所以，你們不必再追查了。」

聽完婦人的話，只見警察眉頭一皺，不大高興地說：「什麼，妳怎麼不早一點告訴我們呢？妳知道嗎？今天早上我們已經抓到那個小賊，而且糟糕的

是，法官也已經判刑了。」

這是要怪婦人不夠謹慎，還是要怪警方辦案過分有效率？

而且，婦人找到了珠寶，便代表著沒有竊賊，換言之，警察們抓到的犯人是被冤枉的，但警察爲了績效，竟未小心查證便輕易將人羅織入罪，這嚴重性恐怕不是三言兩語可以帶過的。

不細究執法者的是非，但從生活態度中深思，這個笑話無疑告訴我們處事要冷靜用心，更要小心仔細，面對尚未查清楚的事情，我們不能輕易下結論；未能了解前後因果關係的時候，我們更不能隨便向人說三道四。

這是我們處世應有的態度和觀念，不僅是爲了避免是非紛亂，更是爲了保護自己，除了能免於人事紛爭，還能防範人們的有心相欺。

一如霍加擔任官職時，面對那些位高權重的貪官，並沒有被他們的勢力嚇住，而是小心冷靜地想辦法，以不變應萬變，更以縝密的思索與推理，用心找出對方的弱點，輕鬆把問題解決。

當時，科尼亞有個人人畏懼也人人討厭的貪官喀孜，常常與他交流互動的霍加對他更是有意見。某一天，霍加送了一份檔案請他簽名，但案件擺在他的桌上好幾個月了，喀孜一直都不理不睬，無論霍加怎麼懇求，甚至偶爾擺出威脅氣勢，他都不予理會。

霍加不得已只好親自到他家拜訪懇求，只見他帶了一個很大的瓦罐作見面禮。喀孜打開罐子，看見裡面裝了滿滿的蜂蜜大為高興，終於和靄地與霍加交談，甚至當場在那份文件上簽了名。

霍加連忙笑著接過文件，並向他道謝：「謝謝您，那我先告辭了。」

只見霍加把文件緊緊揣在懷中，急急忙忙地走出大門。

過了幾天，霍加請人送了罐鮮奶油給喀孜。這時，喀孜忽然想起前些天的那罐蜂蜜，於是命人將蜂蜜拿出來，接著用勺子伸進去挖蜂蜜，只是，才剛剛探到兩指深處，便發現底下竟是滿滿的污泥。

「混蛋，這霍加居然敢耍我！你們快去把那個斯列丁的小丑抓過來！」

喀孜發現被騙後大怒，連忙命身邊的護衛將霍加抓到他的面前。只見警衛在市集上找到了霍加，這時危機四伏的霍加還快樂地逛街購物，剛買足了各式各樣的東西，正預備回家。

可是，他一走出店鋪，便見警衛恭恭敬敬地向他行禮：「霍加！喀孜發現那份簽署的文件有些錯誤，所以想請您帶著文件和我一同去見喀孜，他會馬上更改，馬上還給你的。」

霍加冷笑一聲說：「是嗎？就我看來那一點問題也沒有啊！這文件可是完全依照伊斯蘭教法典的規矩寫好的，還是喀孜的秘書親筆修改的。事實上，那份文件根本不需要更改，不知為何喀孜大人卻需要更改呀？只是他若想更正，恐怕只能靠真主才有辦法了。」

兩則故事的道理都很簡單，都是強調無論面對何種工作，都要有敬業的精神與公正的態度。

以爲隨便誣陷一個人就能交差了事，又總得口袋飽足了才願意付出，這種行徑看似一時有利可圖，實則人們最終會看清這種人的眞面目，他們的壞心眼也總會有露餡的時候。

深思霍加機智的應對，省思著警員們的草率應付，聰明人想必已得到了一些啓發吧！當霍加反諷點出「喀孜腦袋得靠眞主來重建」時，他其實也同時告訴我們一件事：「人生路是靠著自己去改寫修正，一味自私關照著功名與利益，看似誤人，其實傷害最深的還是你自己！」

人生不容一再踏錯步

一念之差，有人行善，有人為非作歹。我們很難逼迫人們應該怎麼做，但至少我們可以要求自己的行為與操守。

「你偷過東西嗎？」警察對著剛抓到的小偷問。

小偷揮了揮手說：「偶爾！」

「你曾偷過哪些地方？」警察繼續追問。

「四處。」這個小偷的回答很冷靜，但也很驕傲。

警察記錄到這裡，看那名小偷的態度，知道問不出什麼好答案，只得說：「好吧，那麼你先到牢裡好好休息幾天吧！」

小偷一聽，這才緊張地問：「那你們什麼時候才要放我出來？」

只見警察冷酷地說：「遲早。」

對付小人當然要用小人的方法，遇到這樣有心要心機的小偷，當然不必手下留情了，聽著警察冷酷回應「遲早」二字，那小偷想必最後才知道自己遇到「高手」吧！只是到最後才發現剛剛擺錯態度，也爲時已晚了。

犯了錯不但不肯認錯，還硬要裝性格、耍脾氣，吃虧的從來都是自己啊！相同的，犯錯後即使認了錯，卻還有諸多藉口理由，恐怕也很難讓人相信認錯的誠意和改過的眞心，一如下述這個案例。

有個小偷行竊時，被巡邏的員警逮個正著，並以現行犯的罪名立即起訴。法庭上，只見小偷可憐兮兮地向法官申訴：「法官大人啊！我真的是迫於無奈，不然我絕不會犯下這樣的錯誤。您看，我不但肚子餓極了，又找不到丁點食物填飽肚子，甚至連件像樣的衣服也沒有，更沒有家、沒有朋友、沒有親人，唉，您說，我這情況慘不慘啊！」

法官溫柔地說：「你的供詞真的感動了我，我對你也深表同情，好，從今天起，約有一年的時間，我將代表我這個機構，免費提供你一個好住所，在那裡你將衣食無缺，在這一年裡，你將得到你今天之前所沒有的一切，如何？」

這「衣食無缺」的回應，讓人不禁想起曾經聽聞的一則社會新聞，說是有人因爲不願付出勞力求溫飽，因而選擇進牢房找飯吃，還推說是景氣不好，不得已出此下策好保住性命。

這個思考邏輯還眞不是尋常人想像得到的，或者連警察們也沒想到，什麼時候牢房竟成了人們的避難所了。

一念之差，有人行善，有人爲非作歹。我們很難逼迫人們應該怎麼做，但至少我們可以要求自己的行爲與操守。警察和小偷的故事可別說說笑笑就算了，我們沒有多餘的時間讓生命空轉，雖說人人難免犯錯，但錯誤也得視情況而定，萬一這個錯踏是讓人跌進谷底，想爬也爬不出來，那麼我們便得好好提醒自己，要小心踏出我們的每一步。

8. 用機智解決問題，生活才會順利

想時時順利，

我們便得用心思考生活中的每一步，

認真培養臨危不亂的膽識，

也努力養成見機行事的機智。

面對諷刺，要適時發揮機智

若能聰明建構出寬闊知足的人生態度，我們自然能瀟灑自在地與人交際，也能微笑反擊人們的無情諷刺。

生活中，我們經常會碰到一些說話不得體的人，也常遇上一些自大又喜歡嘲諷別人的人，這時你會怎麼回應呢？

是一愁莫展地生悶氣？還是聰明機智地順著他們的話反擊回去？

有一天，艾什阿卜正和幾位大財主同桌吃飯，餐桌上放著一隻烤全羊，只見艾什阿卜狼吞虎嚥，吃得津津有味。

這時，其中一位財主便開玩笑地對他說：「我猜想，你大概曾被這隻羊的媽媽用角傷到吧？不然你怎麼吃得這樣『狠』？」

艾什阿卜聽後，頭也不抬地回應道：「哦，看你捨不得吃的樣子，我還以為你曾喝過牠媽媽的奶水呢！」

艾什阿卜快樂品嚐羊肉時，卻忽然被財大氣粗的富翁冷嘲熱諷了一番，想來再美味的羊肉當下也變得無味了吧！艾什阿卜看來也很不高興，立即用機智將「諷刺」反擊回去，這也讓人看得心情暢快。

日常生活中不也常見一些誇耀著一身名牌，嘲笑他人不懂物品珍貴的人嗎？

仔細想想，這些只顧著品美食、穿華服的人們，又怎能閒適自在地生活？

又怎麼明白吃到難得的美味食材，便能得到滿足與充實的感受？仔細想一想，然後再看看下面故事中的毛拉怎麼面對自大的地主。

有個闊地主邀請毛拉到他家吃飯，席間，僕人端來一隻烤得香噴噴的全羊，只見主人得意地說：「大家別客氣啊！儘量吃，各位一定要吃這羊頭，你們知道嗎？它可是能滋補大家的腦袋，使我們的腦子健康又發達！」

「這麼說來，閣下的腦袋肯定與羊頭一般大囉！」

毛拉冷不妨這麼一個回應，讓客人們聽了全大笑出聲，至於主人，只見他頂著一張似笑非笑的臉，尷尬地站在羊頭前。

其實，毛拉不過是順著主人的驕傲回應，但效果卻頗爲驚人。這幾句話語感覺平淡無奇，實則發人深省，試想當我們得意洋洋地向人們宣示著自己的財富時，有多少人明白平實的富足？

讓腦袋轉一轉，然後再聽一則毛拉的案例。

這天，有個腦滿腸肥的傢伙帶著哭喪的臉來找毛拉，當他一見到毛拉時，便大聲哀嚎著：「大師，怎麼辦？我不管吃什麼都無法消化，好痛苦啊！」

毛拉笑了一聲，然後爽快地回答：「那簡單，以後，你就吃別人消化過的東西不就得了。」

貪婪的胖子不知道半滿的好處，有錢人不知道粗茶淡飯的美味，有人總在比較間看輕他人。從這些言行之間，我們也得出了不同的生活態度，獲得了不同的人生智慧。

事實上，若能聰明建構出寬闊知足的人生態度，我們自然能瀟灑自在地與人交際，也能微笑反擊人們的無情諷刺。

用機智解決問題，生活才會順利

想時時順利，我們便得用心思考生活中的每一步，認真培養臨危不亂的膽識，也努力養成見機行事的機智。

你是個有小聰明的人嗎？你自覺有顆聰明的腦袋瓜嗎？那麼，對於老天爺特別賜予你的聰明智慧，你是否懂得好好利用？還是老用這個聰明到處製造問題？

有一個工匠受命為國王打造一副盔甲，盔甲完成後，國王便命人將盔甲穿在木偶身上，然後，還親自檢驗它是否堅固，能不能護住身體。

只見國王朝著盔甲猛刺一劍，旋即便見盔甲上出現了一道很深的裂痕，國王一看到這個裂痕，大怒道：「這什麼東西？能保護我嗎？你回去再做一副更好的盔甲來，要用心啊！要是新盔甲同樣不堪一擊的話，你的腦袋就不保了。」

工匠一聽，嚇得渾身發抖，轉念想到了仁慈的宰相比爾巴。

「大人，請您一定要救救我啊！」工匠哀求道。

比爾巴了解情況後，也認真地幫他想出了一個對策。

沒隔幾天，工匠送來第二副盔甲，但卻請求讓自己穿上盔甲進行檢驗，國王答應了，並派了一個最機靈的士兵出場試驗盔甲。

然而，當士兵舉劍準備刺向工匠時，工匠卻突然大叫一聲，並朝著士兵猛然撲過去。這士兵被工匠突如其來的舉動嚇到了，結果他的劍還沒有刺出去，就已被驚嚇得退了好幾步。

國王斥問工匠：「你在幹什麼？為什麼要這樣做？」

工匠回答說：「國王陛下，我的盔甲可不是做給木偶穿的啊！試想，當敵人猛刺過來時，穿盔甲的人必定會反抗，不是嗎？這樣一來，盔甲並不會那麼輕易被擊破呀！」

國王聽了工匠的話，點了點頭，但旋即一想，工匠不可能會有這樣的機智巧思，便追問這個回答怎麼來的，工匠只得老實對國王說：「是比爾巴教我的。」

「果然如此。」國王印證了自己的推測笑著點了點頭。

擁有比爾巴這種臣子的國王看來是全天下最幸福的君主了，能有如此聰明的人輔佐朝政，國政自然清明，人民也能更安心居於天子腳下。

從宮廷走出來，我們處世時不也應該培養這樣的智慧？

第一步要能了解人性與人心，我們才能像比爾巴一樣，能在非常時候審時

度勢，爲人解題。第二步便是要有公正與仁愛之心，這不僅能獲得人們的支持與信任，最重要的是，能得到對手的信服。

聰明的腦袋不是用來製造問題，而是用來解決問題的，處世首要是求人和，而非與人相爭。

生活要能平順無憂，我們得時時告訴自己：「處事要能像比爾巴一樣冷靜思考，理性處理。」

在人生路上，沒有人不想時時皆順利。想順利，那麼我們便得用心思考生活中的每一步，認眞培養臨危不亂的膽識，也努力養成見機行事的機智。

用同理心找出最佳解答

只要發揮「同理心」，順著對方心中的盼望解題，也順著人們希望的故事構思，自然能得出一個圓滿的完美結局。

有一次，波斯國王邀請有名的智者比爾巴到該國訪問，見面時問比爾巴：「你知道世上還有哪一位國王像我一樣，能如此照顧人民的利益，並那麼為人民維護公義的嗎？」

比爾巴微笑說：「沒有，您的光芒就像月圓時般飽滿殷實，世上沒有能和您相比的人了。」

波斯王開心地笑著，接著又追問：「那若是和阿克巴國王相比呢？」

比爾巴說：「他只像初二、初三的月亮。」

波斯王聽完後非常開心，比爾巴告別時，他還送了不少財物和布匹給比爾巴，但風光返國的比爾巴，緊接著卻面臨了另一個危機。

原來，比爾巴對波斯王說的話已傳到阿克巴國王耳裡。國王身邊不乏反對比爾巴的人，竭盡所能地煽動著國王要嚴懲比爾巴。

比爾巴回國時，國王怒氣沖沖地召他至宮殿質問此事，卻見比爾巴謙恭且面帶笑容地說：「我最敬愛的國王陛下，如您所知，新月會一天一天圓滿，那象徵你的事業將不斷地發展茁壯。至於十五之月卻是逐日縮小，那象徵波斯國王會日益耗損直至消失在黑暗之中啊！聰明如您，應該知道我到底是在讚頌誰！不是嗎？」

國王聽了，開心地點了點頭。

機智的比爾巴不僅沒讓人抓到把柄，還能讓原來的「失言」變成「美言」。比爾巴原本的話裡雖然有缺漏，但他並未讓人有機會利用這點對付他，而是用他的智慧填補這個缺。

至於生活在這人事複雜社會中的你我，在思考該怎麼解決不小心說出口的錯話時，不妨再仔細思考比爾巴的機智與冷靜。

失言風波或許難平，卻不代表永遠無法補救，一如比爾巴換個角度的說法，又如下面故事中霍加的臨機應變。

據傳，國君因為老婆出軌，從此便對女人懷恨在心，並堅決保持單身。

但這個結果卻讓國王從此變了性情，連審核入閣人才的方法也有所改變，舉凡地方學者和學識淵博的人到來，他都會附在他們耳邊講幾句話，一旦不能說出符合他心意或無法除去他心中苦惱的答案，他便下令將這人處死。

這天，國君請來霍加，一樣也在霍加耳邊輕聲問：「你結婚了嗎？」

霍加回答：「我活了這麼一大把年紀，怎麼還會是單身漢呢？」

「什麼！原來你和所有人一樣，來人呀，把他拖下去斬了！」國王忽然大聲怒吼道。

霍加一聽，當下明白事情的嚴重性，只見他立即裝了一張苦瓜臉說：「國王陛下，等一等，您是不是應該先弄清楚一件事呢？唉，事情是這樣，我曾經犯了一個嚴重的錯誤，那就是我結婚了。婚姻真是一個深淵，只有掉進去的人才知道它的深度，不過，有句俗話是這麼說：『我們絕不能砍了使人從馬背上滑下來的那匹馬的頭！』」

沒想到霍加這個機智的回答，竟解開了國君心中的怨恨，從此他再也不惡意找人宣洩情緒了。

明白霍加的意思嗎？這是指任誰都會遇到意外，單身或結婚並不是重點。換言之，沒有人應該爲這過往的是非而困住自己。

呼應著第一篇的機智表現，霍加與比爾巴一樣都是非常聰明的人，能將原來說出口的話逆轉，轉成另一種解釋，爲自己解除麻煩和危機。

其實，他們用的不過是「順心」的技巧罷了。阿克巴王與波斯王心裡想的當然只有強與不強、盛與不盛的問題，比爾巴分別順著國王們心中的盼望解答，自然能令對方滿意。

又如霍加用同理心回答，一樣的「苦痛深淵」，相同的「無奈嘆息」，霍加聰明地讓國王知道，這個世界本來就如此，人生中常會有些莫名其妙的意外災難或誤解，無論如何，只要能冷靜面對這些問題，自然能看見解決的方法，並得到生活的解脫。

看完兩位智者的答案，你是否也從中得到方向了？

其實，人與人之間並不需要用艱澀難懂的心理論述解釋，更不需要用複雜彎曲的思考推想，只要發揮「同理心」，順著對方心中的盼望解題，也順著人們希望的故事構思，自然能得出一個圓滿的完美結局。

做人公正才能得人敬重

絕不能利用個人立場的優勢故意佔人便宜，面對事情能就事論事，並坦然承認自己的錯誤，那才算是真正贏得漂亮。

在一個墓園裡，有一塊墓碑上寫了這麼一行字：「在此長眠者是名律師，是名信實無欺的人。」

有位路過的人自語著：「真奇怪，怎麼一座墳墓裡能埋葬兩個人？」

聽了路人的話，也許有人會這麼猜測，這個人大概曾經吃過律師的悶虧，或曾遭某律師的欺騙或欺負吧！

古代，人們的糾紛求助於官府，現今，一切講求法規律令，於是熟悉律法的律師便成了爲人們爭取正義的代表。

法律是死的，人是活的，何者才是眞正佔有優勢的一方，從以下的故事便可一目了然。

這天，有一條大狼狗經過一間豬肉店前，忽然，竟跳進店鋪內，然後迅速咬了一塊還掛著鐵鉤的豬肉離開。

豬肉販一眼就認出那是鄰近一位律師飼養的狼犬，於是放下屠刀，立即前去律師家索賠。

「律師先生，我想問你一件事，如果有一條狗偷走了我店內的肉，我可以向狗主人索討那塊豬肉的錢嗎？」豬肉販轉個彎質問狗主人。

律師毫不遲疑地說：「當然可以！」

「很好，先生，正是你的愛犬偷了我的肉啊！那可是一塊上等的肉，足足有三斤重，所以，你必須支付我六法郎。」

律師看了豬肉販一眼，一句話也不說，從錢包裡掏出錢來，如數付了錢給肉販，這豬肉販便開心地收下他應得的錢，三步併做兩步地回家去了。

過了不久，豬肉販卻收到這麼一封信：「賣肉先生，你欠律師約翰先生一筆諮詢費，共十五法郎，限期三天內償清，否則法庭見面。」

每個人都希望事情能有個公正公平的結局，但該怎麼論定所謂的正義，卻又是因人而異了。一如故事中的豬肉販與律師，前者算是十分聰明機智，從個人權利的角度來爭取律師的肯定，結果雖然得到律師的賠償，卻也遭到律師以相同的手法反欺。

從另一個角度深思，故事中律師的作爲代表著人的自私面，我們沒看見一個法律人本該有的自省與維護正義的堅持，卻見到他對金錢一味計較，法律保陪人們生活的本意，是否被扭曲了？

無論是第一則故事中的過路人，還是第二則故事的豬肉販，我們都能看見他們的生活智慧，與對世事的感悟，想來他們的智慧更勝於那些享有高社會地位的「上流」人士。

日常生活中，面對諸多人事，不妨捫心自問，努力想從對方身上扳回一城前，是否眞的贏得問心無愧？是否沒有計較與私心？

不管法律怎麼定訂，依事論事絕不能有絲毫私心，面對自己更要時時自省，絕不能利用個人立場的優勢故意佔人便宜。

就好像故事中的律師，若面對事情能就事論事，坦然承認自己的錯誤，那才算是眞正贏得漂亮，也才會得別人敬重！

體貼他人付出的心意與努力

凡事要能將前因後果仔細了解，然後再給別人一些支持和肯定，這是待人接物時最重要的事。

「四個人還抓不住一個罪犯，全是飯桶！」警長對著部屬大聲地怒吼著。

其中一名員警怯怯地反駁：「這個……長官，其實我們也沒有白追呀！因為，我們把他的指紋帶回來了。」

警長一聽，情緒稍稍緩了下來，連忙追問：「在哪兒？」

四個人同時挺直了腰，神情驕傲地說：「在我們臉上。」

聽見員警的答案，大概不少人笑得從椅子上跌到地上。在笑聲中，你還從故事看到了什麼？

說這幾個員警不是普通的笨，想來沒有人會否定，可是在非不得已的情況下，在什麼資訊都沒有的時候，這個可笑的資訊未嘗不是一個好方向，說不定在他們扭打的過程中，其中一人的臉上竟留下了犯人的毛屑或未乾的唾沫啊。

培養機智的目的是爲了解決問題，能在非常時候轉彎思考，也能在非常時候以幽默輕巧地嘲弄人事是非，一如底下吉四六的幽默動作。

日本某村的村長感冒了，臥病在床，許多村民趕忙前去探望，唯獨吉四六姍姍來遲，村長很不滿意地質問他：「你為什麼這麼晚才來？」

吉四六笑著回答說：「是這樣的，一聽說您病了，我就連忙到村外試著找名醫來醫治您啊！」

「是嗎？很好，你果然是個聰明人！」村長讚道。

過了一些日子，村長的病情變重了，大夥再度前去他家探望，至於吉四六，仍然是最晚到的一個。

這次，村長直接問他：「你請到名醫了嗎？」沒想到吉四六搖了搖頭說：「找名醫幹什麼？我聽說您病得很重啊！我想您恐怕是救不活了，所以我去請了和尚來幫您誦經，另外，我還很用心地到村外的棺材行，為您預訂了一口上等棺材。」

「你⋯你這什麼意思啊！」村長聽完吉四六的話，支吾了兩句後便氣得暈了過去。

吉四六到底聰不聰明，或者你我心中各有各的答案，但不能否認的是，先是奉承後來嘲諷，吉四六冷靜輕巧地把大擺官威的村長譏得面目全非。

雖說村長是地方父母官，村民本來就該多多關心問候，然而村長那樣在意「早到晚到」的舉動，確實也讓人們不知所措，有心奉承的自然早早出現，無意交流的卻也被官威逼得心不甘情不願，虛情假意地現身。其中是非對錯，想來吉四六心中是有一把尺拿捏著的。

良醫也好，棺材也罷，要重視的是探視者的心意是否眞切才是，形式上或外在附加的東西一點也不重要。回到第一則事例中再思考，員警若已盡力了，實在不需要多加責罵或懲罰。

生活中人和人之間的互動需要的只是一個體貼心，和一份眞情誠意的關心。凡事要能將前因後果仔細了解，然後再給別人一些支持和肯定，這是待人接物時最重要的事，應該不會有人喜歡在猛揮汗水之後，還要被人澆冷水吧？

懂得自省，才能維持友情

待人處世的道理從來都是簡簡單單的幾個字，不外乎是：「容人心」、「誠懇心」和「體貼心」。

在法庭上，法官大聲斥喝被告：「妳為什麼要用椅子砸妳婆婆？」

被告怯怯地說：「因為，我舉不起桌子！」

這個有趣「坦白」想來讓不少人開懷大笑吧，這個答案在法庭上出現時，應該也會讓現場原本緊張嚴肅的氣氛舒緩不少。

這被告想必緊張過頭了，竟不小心把事實內心爆料出來，只是這樣的答案恐怕不能讓陪審團接受。

被告話裡充分表現出自己未能「自省」的態度，不能認眞省思，又該如何能得到人們的諒解與體貼呢？

機智、聰明、坦白，雖然給人瀟灑自在的觀感，但待人接物時，若過分不客氣，不只會帶給友朋負擔，也會爲自己造成不必要的困境。

不明白的話，我們先看看毛拉底下這個故事，然後再好好思考一下。

這天，毛拉來到一位十分吝嗇的友人家中作客，主人熱情地拿出了大餅、奶油和蜂蜜和大家分享。

毛拉開心地笑著說「謝謝」後，便不客氣地大吃了起來，一手抓起大餅，然後挖了一大匙奶油和蜂蜜，在餅皮上塗得滿滿的，看起來的確讓人垂涎。毛拉津津有味地吃著！

面對這麼「不客氣」朋友，吝嗇的主人使勁忍住脾氣，但他那張臉的變化卻怎麼也無法隱藏，時而露出心痛欲絕的表情，時而顯現恐怖異常的眼神，看得旁人都忍不住打哆嗦。

可是，毛拉似乎一點也沒有察覺，仍然邊笑著說：「好好吃！」邊招呼著大家：「趕快吃啊！不然全都要被我吃光了。」

「咳！毛拉，你這樣吃蜂蜜，那，那肚子會受不了的，心也會痛的呀！」主人強忍著情緒，小聲制止毛拉。

可是主人說話時，毛拉的手還是沒停，他舀起盤子裡的最後一點蜂蜜，然後伴著大餅大口咬下，接著，邊咀嚼著，邊口齒不清地說：「什麼？哦，那只有真主才知道誰心痛啦！」

若非熟知毛拉的個性，像他這樣不拘小節又自大狂妄的作爲，肯定任誰都會氣得牙癢癢，甚至從此將他列爲拒絕往來戶。

待人處世的道理從來都是簡簡單單的幾個字，不外乎是：「容人心」、「誠懇心」和「體貼心」。

因此，若是希望朋友不吝嗇，我們也要自省是否經常表現出「吃人夠夠」的態度，又或是時時表現出想佔人便宜的心思。

每個人都是從互動過程中得出情誼，然後再各自評估是否要繼續保持來往。希望朋友大方的人，別忘了自己也要能誠心替對方著想，這樣才能得出一個相互不計較的好情誼！

幽默自嘲最能化解生活尷尬

不懂的東西不必非要裝懂，學問再高深的人也不可能盡知天下事，謙虛笑說：「我不知道」無損於個人的身分價值。

深夜，小偷溜進毛拉的房間，東翻西找半天，也沒發現什麼值得偷的東西。這時，毛拉忽然從床上坐起來，滿臉歉意地說：「不好意思，我的朋友，別忙了。唉，您摸黑要找的東西，我在大白天都找不著呢！」

十分懂得幽默嘲弄自己和他人的毛拉，連和小偷過招時也是那樣趣味十足。或者我們可以這麼說，能看淡人生中的一切，也懂得笑看生活中一切的人，是智者，更是世上最快樂的人。

你是否也有這樣幽默看淡的生活態度?如果有，大可爲自己來點掌聲!

生活是如此，對待自己更要能坦白，所以毛拉在拿到未曾見過的羅盤時，一樣能表現出瀟灑與自信。

一天，毛拉和朋友們到郊外遊玩，這時有人發現地上有個東西閃閃發光，跑了過去，一看卻是一只羅盤。

不知道那是什麼東西的他，拾起後便轉身遞給毛拉，要他看看那是什麼東西，沒想到毛拉一看，竟嗚嗚呀呀地哭了起來，哭了一陣之後，跟著竟莫名其妙地哈哈大笑。朋友們全被毛拉搞糊塗了，還有人被毛拉這個舉動嚇著，緊張地問：「毛拉，你沒事吧!」

「是啊，到底是怎麼一回事?那究竟是什麼東西，居然惹得你又哭又笑的呢?」友人困惑地問。

毛拉揮了揮手，笑著說：「哦，我一開始哭是覺得你們太愚笨了，竟連這麼個小東西都不知道是什麼玩意兒！至於後來的笑……嘿，因為我發現我自己也不知道這是什麼東西呀！」

多麼有趣的反應，若換做是別人，我們大概會看見他們糾著眉心、冒著冷汗，支支吾吾著「這個……那個」，說不定最終有人還會惱羞成怒地駁斥：「管它是啥東西，不過是個破玩意！」

先笑後哭，不僅嘲諷了別人一頓，最重要的是也悄悄化解了自己「無知」的尷尬呀！細細品味著毛拉的幽默自嘲，老搶著賣弄聰明的人，是否從毛拉的身上得到了啓示呢？

不懂的東西不必非要裝懂，學問再高深的人也不可能盡知天下事，視野再遼闊的人也不可能覽盡天地。

謙虛笑說「我不知道」，並無損個人的身分價值，就怕不懂裝懂，最終還被人們發現自己的無知，這損傷想來一定比坦白更大呀！

把自己的位置切換到別人的立場

把別人的事視為自己的事，然後常把自己的立場切換至別人的立場想想，各式麻煩、難題自然能輕鬆解決了。

世上沒有眞正無法解開的難題，除非你一心逃避。即便面對複雜的政事，只要願意多用智慧，多花點心思細想，再纏繞的結也定能解開。

在皇宮中，有一群奸臣正與國王的小舅子侯塞因閉門密謀，因為侯塞因一心想趕走比爾巴，好坐上宰相之位。

最後，他們決定請出國王的枕邊人王后去搬弄是非。

所幸，國王聽出有人想使壞心眼，也猜出是國舅爺的主意。為了讓王后認清國舅爺不適任宰相職位，更為了讓國舅心服口服，國王密會比爾巴後，接著便宣佈任命侯塞因為新宰相，不過卻有個但書。

國王對侯塞因說：「宰相大人，請你在一週內找到一個忠實的朋友和不忠於你的人，還有，請你尋找生命的汁液和味道的根，只要上述東西你都找到了，那麼這個宰相之位就永遠屬於你了。」

侯塞因答應後，便派出大批人力找尋，但是大批人馬走遍了全國，卻連一樣都沒找著，最後侯塞因不得不去向智者比爾巴求助。

比爾巴一看見侯塞因，便交給他兩個裝有水與鹽巴的盒子，然後說：「關於朋友的事，就讓我親自向國王報告吧！」

於是，國王召見比爾巴。只見比爾巴

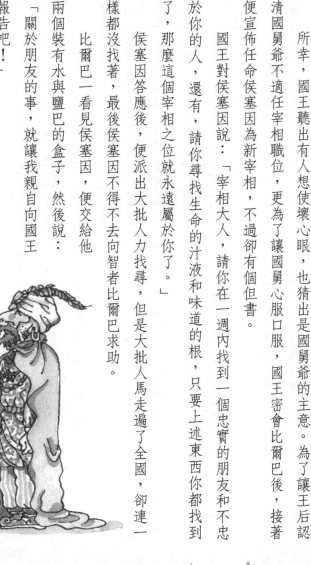

神色自若地對國王說：「世上最忠實的朋友是狗，至於最不忠實的朋友……」說到這裡，比爾巴故意停了一下，接著才說：「是女婿！味道的根是鹽，生命的汁液是水。」

國王點了點頭，然後驕傲地看著殿前那群圖謀不軌的奸臣，侯塞因聽完比爾巴的話早慚愧地低頭，不敢正視比爾巴與國王，於是比爾巴恢復了宰相之職。

但是不久之後，國王下令要將全城的女婿統統吊死，眾人驚嚇得不知所措，最終只得把希望再次寄託在比爾巴身上。

比爾巴聽聞後，便命人連夜做好一副金絞架和一副銀絞架，第二天將這兩樣器具搬到國王面對，並對他說：「國王，這金絞架是給你使用的，至於銀絞架則是我的，因為，你和我也是自己丈母娘的女婿啊！」

國王聽了比爾巴的分析，明白地點了點頭，並立即撤銷這個殘忍的命令。

政治人事其實是實際社會的縮影，無論是在職場還是一般團體中，不免會遇到像侯塞因之類的小人。他們事事都爭強，不反省自己能力如何，老想著凌駕他人之上，時時用心計害人，但結果卻又如何？

答案其實很清楚，試想，你會喜歡那些時時說人是非、時時想盡辦法害人的伙伴嗎？應該不喜歡吧！因爲難保下一秒，他們有心陷害的人不會是我們。和這樣心胸狹隘、老想佔好處的人同行，日子恐怕過得比誰都還心驚膽跳。

再看看比爾巴過人的智慧，總能在最關鍵時刻平息風波、解除危機，從智退侯塞因，到智解「女婿」危險，充分展現了治國之相的才能，更具備了治國者應有的仁義之心。

向來以具體事物勸說國王的比爾巴，最後再以相同方法讓國王得到「反思」，在這個「相同立場」的角度中，比爾巴不必直斥國王的錯誤與不仁，而是以同爲「女婿」的角色來提醒國王，從「將心比心」的角度切入，順利換得國王的省悟，同時也挽回了衆人的腦袋。

如此智慧想必深得你心，那麼在處世待人時，你是否也願意積極培養這樣的機智解決問題呢？方法不難，把別人的事視爲自己的事，然後常把自己的立場切換至別人的立場想想，各式麻煩、難題自然能輕鬆解決。

狗眼看人低，等於看輕自己

對人要懂得尊重，對事要有專業的態度，不要用有色眼睛視人，更不要狗眼看人低。

某天，毛拉正準備趕赴一場餐會。一如往常，他的穿著仍然是簡單普通的打扮，不過相較於過去，這次的穿著實在太過隨便了，甚至讓人覺得有些寒酸，特別是與其他穿著貴氣的人們相比後。

也因此，當毛拉一踏進會場時，儘管他手上有邀請函，卻沒有人上前和他打招呼，甚至連宴會主人的態度也非常冷漠。

毛拉看了，便偷偷溜回家，換上一身華貴的服裝再重回會場。這一次，主人和其他賓客們熱情寒暄，主人甚至還邀他坐上首席呢！

桌上擺滿了珍饈美味，毛拉不慌不忙地揚起了袖子，接著竟是拉著袖口親近桌上的食物，說道：「請隨便吃點兒吧！」

「毛拉，你這是在做什麼呀？」看見毛拉這個舉動，沒有人不感到詫異，紛紛好奇地問道。

毛拉笑著說：「哦，今日這場盛宴，各位只看重穿著華麗的人。所以我想你們應該是想『請衣服用餐』，不是嗎？」

先不論上則故事中主人與賓客的態度，一般而言，我們確實習慣從一個人的外表穿著作爲第一印象的判斷觀感。所以，明知道是場非常盛會，卻偏要穿一雙夾腳脫鞋，一身邋遢地出現，這表現出來的不也是對自己的輕忽怠慢，不懂自重的人又如何能得人尊重？

當然，這不是要我們非得身穿華服示人，更不是要我們要帶著耀眼的珠寶出席，但是，至少要把自己好好整理一下，以合宜的裝扮出現。

若基本禮儀都做到了，服務者卻仍以「品牌」分級服務，那麼我們大可像毛拉一樣，好好給他們一個機會教育。

某一天，毛拉來到澡堂洗澡。誰知工作人員的態度非常冷漠，服務非常不周到，態度甚是輕慢。

臨走時，毛拉掏出了十個錢幣作為小費，工作人員一看，受寵若驚，連連鞠躬道謝，這是他第一次展現笑容與熱情的態度。

過了一個星期，毛拉再去洗澡。這次可忙壞了那個工作人員，只見他又是遞毛巾，又是點煙送茶的，服侍得無微不至，這回可把毛拉當皇帝般伺候著。

臨走時，毛拉卻只給了他一個錢幣的小費。

工作人員一看立即變臉，怒氣沖沖地質問毛拉：「喂，上次你給了那麼多小費，怎麼這次只給一丁點兒？」

毛拉摸了摸頭、聳了聳肩，笑著說：「哎呦！是這樣的，上回我給錯了，這次我補給，只是前後調換一下罷了。」

工作人員不解地問：「什麼意思？」

毛拉笑著說：「道理很簡單。我今天給的是上次的小費，而上次給的是這次的小費，明白吧！這樣才對，不是嗎？」

利用「小費」教訓，確實讓人體會深刻，現實生活中，想來我們都有過相同的經驗吧！這故事不是要教我們如何報復或給對方教訓，而是要告訴我們，對人要懂得尊重，對事要有專業的態度，服務業原本就是個以客為尊的行業，要能親切微笑示人，才能贏得更多消費者的心。

人和人之間，總是有人會以對方的身分地位或以財富多寡區分等級。當我們也有這樣的念頭時，何不將心比心，想一想同樣的情況若是發生在我們身上，自己是否能接受？

沒有人會感到舒服的，所以，你能否以同理心去體貼感受周遭的人呢？

不要用有色眼睛視人，更不要狗眼看人低，很多時候，其貌不揚的人總隱藏著卓越的長才，穿著平凡普通的人口袋裡常藏了可觀的財富！

9. 保持冷靜，才能走出困境

無論你此刻正困陷在什麼樣的難題中，
請先安撫你的情緒，
並冷靜地思考、分析問題，
以找出真正有效的解決辦法。

讓思考不斷地翻滾吧

因為每個人思考切入點不同，而有不同的結論與感想，我們便是透過這樣不斷的翻轉思考，得出豐滿富足的生活智慧。

被人罵「驢子」時，你會笑著說「謝謝指教」，還是怒斥對方「蠢蛋」？

聰明人都知道生氣無用，與其計較別人的嘲笑、諷刺，不如冷靜反思、微笑面對，然後從中探尋問題的核心，並平靜分析自己的優缺點，好得出一個真正屬於自己的智慧人生。

法庭外那兩個剛從法院走出來的人，他們邊走邊對話著：

「你知道嗎?索忍尼辛在他著作的《古拉格群島》一書中，將最高法院的法官稱為『驢子』！」

「是嗎?那他們有沒有覺得被侮辱了?」

「誰?你是指法官還是驢子?」

你認爲誰才是眞正受辱的一方呢?

同一句話可以有不同的思考方向，更有不同的解答方式，換個角度思考，就能得截然不同的答案。同理，當我們看待周遭的小事，或他人惡意的嘲諷、批評時，試著轉個彎思考，就能從小處得出大道理，將惡意轉爲善意。

簡單的對話有人笑過便忘，有人能從中發現其他寓意，一如聰明的你或許正從

中得出另一番自省。若再不明白，或者我們能從阿布·納瓦斯的友人身上再得到靈感。

阿布·納瓦斯一位被封為鐵公雞的朋友生病了，極重朋友情義的他，這天找了幾位好朋友前去探望。

一伙人一進屋子，便看見醫生正在診治友人，經過一番仔細檢查之後，醫生對著他們說：「嗯，他的情況已無大礙，只要想辦法讓他出一身汗，體溫自然便能回復正常。」

阿布·納瓦斯一聽，笑著接口：「這還不簡單，朋友們，今天晚上大伙兒全約到他家裡吃頓飯，這樣他自然會著急得冒出一身汗啦！」

聽見阿布·納瓦斯順勢虧了這個鐵公雞友人一頓，想必也讓你忍不住會心一笑，但是看著阿布·納瓦斯不記友人的吝嗇，依舊十分關懷對方的態度，不知道是否讓你有了另一番思考？

平心而論，因為性格使然，鐵公雞的朋友們雖不好溝通，但是他們多數喜怒「無藏」，個性也直接坦白，雖然不易親近卻也不難相處，相較於偽善者，他們的直率更讓人知道該怎麼與他們交往，並能輕鬆地交流接觸。想來，阿布．納瓦斯定然也知道這一點，因而願意呼朋喚友一同前往探視。

再換個角度想，一心一意計較著他人「鐵公雞」性格時，其實真正有心計較的人，難道不是我們自己嗎？

所以，下一次當你聽見人們喊你鐵公雞時，別再怒氣沖沖地否定，也許你可以笑著回應：「很抱歉，我真不想這麼小氣的，但從前那段苦日子實在過怕了，逼我非得好好珍惜賺得的每一塊錢！」

試想，聽見這麼坦白的答案時，想必有不少人會體貼地點頭吧！

用你的想像突破一成不變的生活

人類最珍貴的便是「想像天分」，這個天分因為個人學習環境的不同，也因為需求與感知的不同認定，而有不同的啟發聯想。

對於藝術領域的人事物，每個人都有不同的價值認定與感受，有人對於「藝術」兩個字常是搔遍整顆腦袋，卻怎麼都猜想不透其中的奧妙或想像，因而當眾人面對相同的藝術品時，卻常會有兩極化的評價。

當然，也不乏有人對於「藝術」領域充滿好奇想像，有人可以直入創作者的精神中心，也有人能從中與自己的生活串連，啓發想像出另一番生命感悟，就像美國電報發明者庫爾斯的一位友人。

在發明電報前，庫爾斯原是名畫家，有一回，他熱情邀請一位醫生朋友到剛成立的畫室參觀。

庫爾斯對友人說：「非常歡迎你大駕光臨，請多多指教。」

庫爾斯的醫生朋友點了點頭，然後非常仔細地欣賞畫室裡的每一幅畫。

庫爾斯默默陪伴著友人，並滿心期待友人的評語，就在這個時候，醫生友人定定站在一幅垂死者的圖畫面前，並反覆仔細地觀察著。

庫爾斯見友人如此認真望著這幅圖畫，開心地問道：「我的朋友，這幅畫讓你有什麼感受？不知道你對它有幾分評價？」

只見醫生點了點頭說：「嗯，我想這個人應該是罹患了瘧疾。」

這個結果庫爾斯當然始料未及，但這個答案未嘗不是一個很好的註解。醫生依自己的專業本領，從圖畫中診斷出人物的「病情」，也許讓人覺得可笑，但若嚴肅地從研究角度來看，能從圖畫中，從人物的病臉或體態找出他發病的原因，或者也能從中找出醫學病症史的軌跡。

資料多數是制式塡寫的，唯有生活藝術是活生生的，是更親近人們生活層面的寫眞，因而從藝術領域中尋找蛛絲馬跡，不也是一種絕佳的方向？

其實，有時候正因爲作品貼近「人心」，所以藝術評語常充滿驚奇與奇妙想像，好像下面這則趣味十足的觀賞結果。

在某一場畫展中，有個人靜靜地站在一幅畫面前許久，相當認真地看著面前那幅圖畫。

畫家見到他專注的神情，感動得上前打招呼：「請問，您對這幅畫是否特別有感覺呢？」

那個人點了點頭，接著卻對畫家這麼說：「您實在畫得太棒了，我看得口水都快流出來啦！」

畫家一聽，吃驚地問：「為何這日落的景象讓您看了會想流口水呢？」

沒想到那人一聽，竟然也滿臉吃驚地說：「什麼？這是日落？我還以為您畫的是荷包蛋呢！」

聽見「荷包蛋」時，你是否忍不住哈哈大笑呢？但轉念思考，這個聯想不也極具想像天分？

藝術本身從來都是「天馬行空」的，無論是創作者的創意，還是觀賞者的想像與感受，均是如此。

人類最珍貴的便是「想像天分」，這個天分因爲個人學習環境不同，也因爲當下需求與對生活感知的不同認定，而有不同的啓發與聯想，得出來的結果也各具價值，而且是因人而異的非凡價值。

所以，無論是觀畫還是看電影，又或是欣賞各個不同領域的藝術表現時，你我何妨大方地表達心中想法，別再受到制式思考的限制。因爲想像原本就是無界限的，無論是將藝術援入個人生活中，還是想從中獲得當下的滿足感，只要能動腦筋想一想，所有的藝術品在你心中自有一番與衆不同的定價。

而且，你也將因爲一次又一次的想像激發，因爲天馬行空的創意發想，而得到極具特色的個人想法。

讓結果跟著自己的意思走

遇到麻煩時，別再逞口舌之快，冷靜思考，才能想出最佳解決辦法，讓結果照著你的意思走。

爲了能得出令自己滿意的好結果，聰明人總是能從這個角度切換到另一個角度，從這個思考方向切換到另一個思考方向，直到他們找到可以預見良好結果的角度爲止。

仔細回想一下，你是否也曾經有過讓結果與你意思相同的時候？回想的同時，我們不妨看看阿拉伯的機智人物阿布．納瓦斯如何智慧解題。

巴格達某位商人有個大浴池，不過這池水卻是長年冰冷徹骨。有一天，商人對外宣佈：「只要有人能在這池子裡泡一夜，就給他十枚金幣。」

有個窮人為了得到這份報酬，便毫不猶豫地跳進浴池裡。

半夜時分，窮人的兒子來到浴池邊，發現父親精神飽滿地坐在池水中。為了支持父親，他便在池邊點燃燭火陪伴父親直到天亮。

第二天，父子倆一同向商人要錢，沒想到商人卻拒絕，理由是：「你在池邊點蠟燭，違反規定。」

商人拒絕付錢，窮人只好找法官告狀，但是法官們全都偏袒這

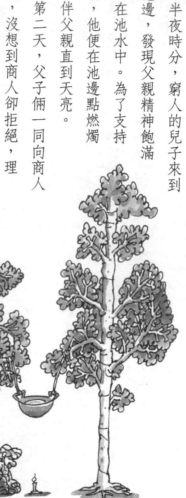

名商人，最後他們只好找阿拉伯智者阿布・納瓦斯幫忙。了解情況後，阿布・納瓦斯邀請國王、法官、大官們和那名商人到他家吃飯。

客人們準時出席，但是，他們從早上一直等到下午，卻不見主人將飯菜端上桌，餐廳裡的客人們全都餓壞了，其中一名法官忍不住跑到後面催問，但卻見到阿布・納瓦斯在樹下點了一根根燭火，鍋子則高掛在樹枝上。

法官見狀，不解地問：「這燭火距離鍋子這麼遠，我們到底要等到什麼時候才能吃飯啊？」

阿布・納瓦斯點了點頭，隨即便請國王等人一同到那棵樹旁，然後將窮人的遭遇說一遍，接著他質問商人：「我們都知道，這樣燒飯是不可能把飯煮熟的，這和窮人浸泡在冷水中的情況不是一樣嗎？但為何商人偏說窮人之所以能熬過一夜而不受凍，全是因為他兒子在池邊點火呢？」

國王了解前因後果後非常生氣，當下命令商人得支付窮人一百枚金幣，以補償窮人的精神損失。

好一個精神補償，阿布．納瓦斯如法炮製，冷靜地實驗與舉證，是不是讓人更加清楚事情的眞相？

點燃好幾根蠟燭，過了大半天也無法煮熟一鍋米飯，更何況只點燃一根蠟燭，又怎能溫熱一池水？

生活中有許多事情不是據理力爭就能得見成效，解題論事若能以實例佐證，清楚分析其中事理，反而能讓人更明白其中原委。

遇到麻煩時，別再逞口舌之快，冷靜思考、仔細推敲，才能想出最佳解決辦法，讓結果照著你的意思走。

欣羨智者的冷靜智慧嗎？

那麼從現在開始，面對任何事情都要求自己保持冷靜，多轉彎思考吧！

用智慧拿捏進退

理事要簡潔明快，處世要周全果斷，但更要為自己的權利好好守護，不論退與不退都要運用智慧拿捏。

某一天，朱哈愉快地走進理髮店，然而，他原本的好心情卻被一名手藝很差的剃頭師傅破壞了。

只見平躺在椅子上的朱哈眉頭深皺，「哎呀」聲連連，因為這個新來的剃頭師傅手中的剃刀，不斷劃破朱哈的頭皮，每剃破一處，便用棉花輕輕地按住朱哈頭皮上的傷口。

忍了好一會兒的朱哈，實在忍受不了了，於是他揮了揮手，說道：「請停手，我不剃了！」

但是當他準備站起來時，卻被剃頭師傅猛然壓回座位，只見師傅平靜地對朱哈說：「朋友，忍一忍，就快剃完了。」

這個頗具喜劇效果的小事例，想必讓不少人的心情爲之一振吧！

廣受人們歡迎的喜劇片段，不也有許多像這樣無厘頭又充滿趣味的劇情安排？想像著朱哈快樂地走進理髮店，接著反而哀聲連連，其中喜悲反差的效果的確趣味橫生。只是再想想，朱哈若眞的一忍再忍，弄得滿頭是傷後才默默離開，就未免有失其機智大師之名了。

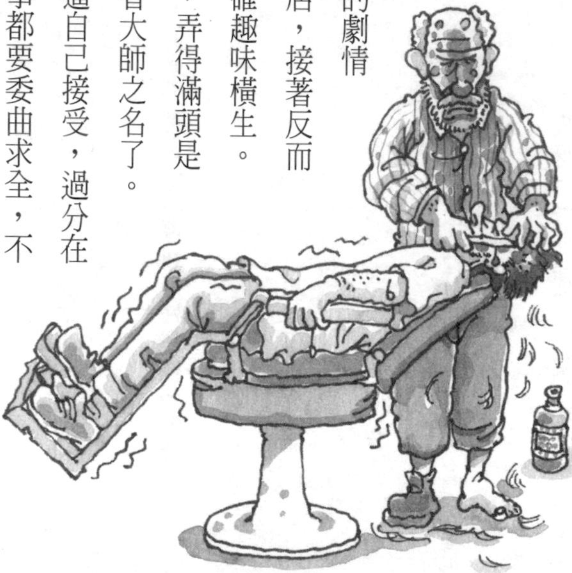

是的，不是所有事都要退讓或逼自己接受，過分在意人們的感受或情感，逼得自己事事都要委曲求全，不

過是讓自己深陷人情的無底泥淖罷了。

當剃頭師傅第一刀刮出傷口時，我們就要提出抗議了，怎能一忍再忍呢？甚至最後還無力反抗，乖乖地聽話坐回原來位子上任人宰割？

處世之道有退有進，但別忘了退一步不是一味地低頭隱忍，而是要能抬著頭，盯著既定的目標退讓，更別忘了最終我們還是要向前邁進，更甚者要比昨日退讓的步數，向前更添進幾步啊！

簡言之，不要爲眼前一點甜頭感到滿足，凡事要據理力爭，該是我們的機會與權益都不該輕言放棄。

有名罪犯的家人，十分欣慰地對朋友說：「雖然他被判坐電椅，但幸虧我們請到一位非常能幹的律師……」

友人臉上不禁展露笑容，欣慰地問：「真的嗎？那他脫罪了吧？」

「沒有脫罪啊！不過，律師已經幫他爭取到，把椅子的電壓降低了一些些。」犯人的家屬說。

多加一瓦或少降一瓦到底有多大的差別，大概只有受過電刑或者執刑者才知道，只是這其中重點，又豈是在電壓的高低？

說笑著那「一些些」，卻也發人深省，不用討論受刑者應該不應該被判死刑，而是應當反思他們口中的能幹律師，是否眞的盡了全力爲犯人辯護，並盡力爲犯人洗脫罪名才是。

從朱哈被押回椅子上的情況，再至罪犯僅僅少一些些的電壓，我們也得出了一個結論：「理事要簡潔明快，處世要周全果斷，但更要為自己的權利好好守護，不論退與不退都要運用智慧拿捏。」

婚前多點耐心，婚後多些用心

每天每天認認真真地對待你的他，也誠誠懇懇感受著你的他，然後等一個對方真正能與你心意相通的時候，對他說：「我愛你！」

人說清官難斷家務事，以下這則小故事還真是非常之例！

這是美國一位小有名氣的女演員的家務事，為保她的隱私，這裡我們不便公佈姓名，僅以一位美國女演員代稱。

「我要和家裡那個沒良心的臭男人離婚。」這位美國女演員怒氣沖沖地走進紐約一間著名的律師事務所並怒吼著。

律師一看是著名的女演員，連忙上前說：「放心，我一定替您辦妥這件事，

只要您立即支付三百元美金，我立刻為您辦好離婚手續。」

「什麼！要三百元美金？我的天啊！」女演員大聲叫喊著，接著竟說：「這未免太貴了吧！我找人開槍殺了那個臭男人也不過才一百五十元呀！」

沒想到曾經愛得那樣深，有一天竟連三百塊美金也不值。感情事總是讓男人女人傷透腦筋，未婚前男歡女愛，誰也不願放棄誰；總算得到了彼此，共結連理後，卻又問題多多，似乎怎麼愛都不對，兩人相看越發厭煩。

所以，無怪乎底下這位律師會有這樣的無厘頭的回應。

某天，瑪麗大步跨入一間律師事務所，然後對著服務人員說：「您好，我想瞭解一下，我是否具有離婚的基本條件。」

後面的律師聽見了，連忙上前問道：「妳結婚了嗎？」

瑪麗皺了眉，然後點頭說：「當然結婚了。」

律師點了點頭說：「很好，那麼妳便已具備離婚的基本條件了。」

聽見「結婚」等於「離婚基本條件」時，的確讓人會心一笑，這看起來不大對勁的邏輯，卻是「一針見血」的好答案啊！

想起現代男女，不乏有人結了婚後便等著離婚，多少年輕夫妻的口頭禪是：「不合？大不了離婚嘛！」

只是，當「愛」變得那樣容易結合與分離時，「愛」這個字在你我的嘴裡到底還剩多少價值？

因爲「愛」變得越來越容易取得，衍生而來的，卻是一幕又一幕夫妻失和的畫面。

有位法官，就一連好幾天都得審理這些複雜難為的夫妻失和案子。

這天，他忍不住勸說：「我真無法相信，像您這樣體面又穩重的男人，居然會動手打像您妻子那樣嬌小脆弱的女人，您實在應該向妻子道歉。」

約翰說：「法官先生，我也是在忍無可忍之下動手的啊！你知道嗎？她可是天天罵我、天天折磨我，惹得我完全失去耐性，才做出這樣可怕的舉動。」

法官同情地問他：「這樣嗎？那她平時都對你說些什麼？」

約翰答道：「她幾乎天天都喊道：『來呀！你來打我啊！我才不怕你咧。來呀，來呀，只要你敢碰我一下，我就把你拉到那個又禿又傻的老法官那兒去，哼！』」

法官一聽，瞪大眼說：「好，本案即刻撤銷！」

從故事中，我們再次證明了一件事，爭吵不僅讓人失和也容易使人失言。笑看法官最後的判決，或者我們更能冷靜尋思，夫妻之間的口舌之爭，說是因爲生活現實，不如說是對彼此太熟了，熟到忘記相互體貼，忘了曾經允諾的：

「我願意守護、謙讓、關愛他一輩子！」是不是呢？

回想起「執子之手，與子偕老」的古老執著，不知道此刻的你對這幾個字還有多少感動與信任？

別讓你的「愛」那樣輕易對你的他說出口，每天每天認認眞眞地對待你的他，也誠誠懇懇感受著你的他，然後等一個對方眞正能與你心意相通的時候，對他說：「我愛你！」這樣一來，離婚率自然不再超速攀升，同時也會因爲彼此的用心與認眞看待，讓未來多添一組鑽石老夫妻。

上下齊心，團隊才能往前邁進

想有好人才，主管就要能識才更要惜才。至於身為下屬的人，若想擁有更多福利、權利，那麼別忘了自己的職責本分。

在阿拉伯，有個農民雇用賈到他的農莊工作，他們簽訂了一紙合約，農莊主人要供賈吃、住、穿。

晚上，賈暢快地吃過喝過後便上床睡覺去了，然而，他這一覺卻睡到了第二天早上十點。

農莊主人知道後相當生氣，來到賈的房間，怒氣沖沖地對他說：「你怎麼還不開始工作？」

沒想到賈卻對他說：「我的好主人啊！沒錯，我是吃過喝過也睡飽了，但是，你得遵守合約啊！我可是等著你給我衣服穿呢！」

遇到賈這樣的員工，對雇主來說還眞是件麻煩事，徒有機智卻偏用在這樣綠豆芝麻的小事上，事實上損失的是農莊主人還是賈，尙不能得出結論。

因爲，賈換得新衣後，若眞能如合約上寫的努力工作，那麼這個小動作或者也算是雙贏，但若是賈只顧著耍小聰明，有了新衣服可穿後，仍然挑剔著合約上的字字句句，繼續計較，或大玩文字遊戲、賣弄聰明，那麼表面看似農莊主人損失，實則損失最大的還是賈自己呀！

斤斤計較，看似損人利己，實則丁點便宜也未佔到，試想事情一旦傳出，有誰還願意給賈工作機會呢？

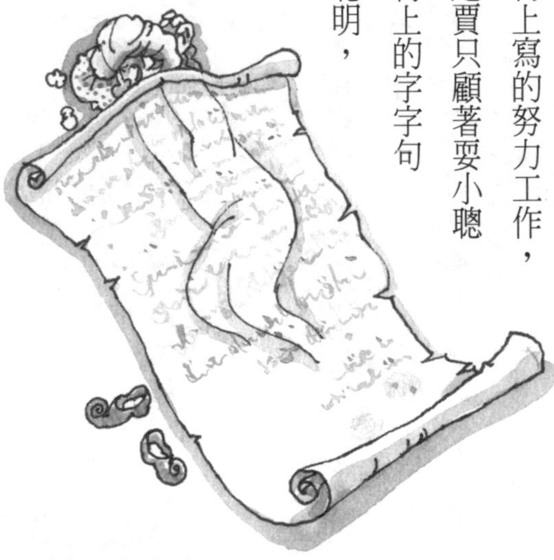

反省我們自己，在面對機會時，是只專注於個人福利與丁點蠅頭小利，還是經常會問自己，到底有多少本事與價值能擁有對方提出的報酬？

除了從小員工的角度反思，我們再進一步，也從大老闆的作爲檢討，以下事例便是極佳的思考例子。

有一天，國王要智者比爾巴找一個可以兼任老師、廚師、挑夫的傭人，並且要像驢子一樣，能無怨無悔、任勞任怨地工作。

比爾巴歪著頭想了半天，終於想到這樣的人物，那便是從來都靠著自己力量生存的窮婆羅門。

比爾巴帶著窮婆羅門晉見國王，國王看著穿著破爛的窮婆羅門，眼神困惑地問比爾巴：「他真有這些本事？」

比爾巴點了點頭說：「是的，國王陛下！他的確能身兼多職。如您熟知，婆羅門是世人認定的祖師，所以他便是老師。婆羅門做的飯不論誰都喜歡，所以他也可以是廚師。婆羅門挑的水任何人都能喝，因此他也能挑水。最後，他的職業本來就是運送貨物，換句話說，他一直都像驢子一樣賣命地工作。國王，您願意讓他做您的僕人嗎？只要您需要，這四種差事他肯定都能勝任。」

國王聽完比爾巴的話十分開心，立即點頭答應替窮婆羅門安排一個適合他的工作，這也讓原本生活貧困的窮婆羅門，可以過著衣食無慮的生活。

對員工來說，每個人都希望公司能讓他們衣食無慮；對老闆來說，最好每一個員工都能物超所值。人人各有各的希望，也各站各的立場開出條件，但結果如何卻常常不是我們所能控制的！

我們唯一能確定的只有一個事，那便是「公司好大家更好」。和國政一樣，覆巢之下無完卵，同一艘船上的人若不齊心，各自擺動手中槳的方向，沒一個定向，又如何能抵達目標呢？

此外，要想有好人才，主管就要能識才更要惜才。至於身爲下屬的人，若想擁有更多福利、權利，那麼別忘了自己的職責本分，想多得一分錢，便要讓雇主看見自己身上那多一分的才能。

保持冷靜，才能走出困境

無論你此刻正困陷在什麼樣的難題中，請先安撫你的情緒，並冷靜地思考、分析問題，找出真正有效的解決辦法。

不知道為什麼，自從前幾天一大早遇見比爾巴以後，國王這幾天都感覺不大對勁，不僅夜夜失眠，每天的菜色不管怎麼更改始終都不對胃。

「這一定是比爾巴的問題，不行，再這麼下去我肯定完蛋！」此刻的國王對比爾巴極不滿意，結果竟下令要處死爾巴。

然而，比爾巴一直以來都非常維護百姓利益，在境內，不管是穆斯林還是印度教徒都非常擁戴他。因而，當人們聽說國王將處死比爾巴時，全國百姓都湧到王宮前，請求國王赦免他。

「不行！比爾巴的臉上有不祥之兆，我一定要處死他！」

行刑前，國王再次向群眾說明事由。就在這個時候，比爾巴接著說：「朋友們，那天清晨，國王因為見到我的臉而讓他寢食難安，但今天清晨，我見到國王的臉卻要被絞死，請大家認真想一想，到底是誰的臉上有不祥之兆呢？」

「是國王，是國王！」群眾聽完比爾巴的話後，跟著便大聲地鼓譟起來。

「嗯，我因為清晨看見國王的臉便要被絞死，這麼說來，凡是清晨見到他的人豈不都要被絞死？就像你、妳，還有你！」比爾巴指著前方的群眾說。

吶喊聲越來越響亮，國王轉念一想，深怕自己落得罵名，連忙命人將比爾巴釋放，並送他不少財寶做為補償，用以肯定他過人的智慧。

在集權統治的古老年代，人們常說伴君如伴虎，便如比爾巴在上面那則故事中的情況。那些跟在君王身邊的人們，常常沒來由地消失或受刑罰，被加上莫須有的罪名也十分平常。

聽到霍加這麼說，現場引起一陣騷動，有人不解地問他：「朋友，既然你要把驢子連同那些配備都送給人，那你還找驢子幹什麼？這和你現在遺失牠的結果不是一樣嗎？」

但是，霍加卻嚴肅地回答說：「朋友，你認為找到失物的樂趣，是那麼微不足道的事嗎？」

如果是你，又是怎麼樣的想法？

東西不見了當然著急，只是找回來後卻又要拱手送人，想必讓不少人困惑不已吧！

若不從具體物件思考，單單從霍加的心理探究，原來握在手中的東西會忽然消失，原因不乏自己的迷糊與不小心，決定送給尋獲者或許也是他對自己不夠小心的處罰，況且驢子與其跟著迷糊的自己，不如送給能小心照料牠的主人。

再轉換個角度想，若非大家幫忙找回，霍加不也一樣永遠都要失去那頭驢子？那麼這結果與最後全數送給尋得的人不也一樣？

從這個角度一想，你是否更明白了呢？或者我們可以這麼說，對於某事物一旦有了感情，它的價值就很難估量。所以與其永遠未知結果，不如尋得後仍知其蹤，這對霍加來說，心裡才會感到踏實吧！

由這個故事也能了解，因爲每個人對事物的價值觀感認定不同，所以面對同一件事的感觸也不同。換句話說，生活快不快樂其實全看我們如何看待它。

日本有這麼一則傳說，有個母親每天都要走很長的一段路，到一間神社參拜神祇。有一天，婦人再次準備出門前，她的兒子忽然跪在母親跟前，並用力地呼叫「媽媽」。

他一連叫了好幾回，母親也接連答應了好幾次，但無論母親怎麼應答，始

終都聽不到兒子的其他話語，他只是一直喊著「媽媽」。母親臉色一凜，有些生氣地說：「你到底想說什麼？快點說，我可趕著出門啊！」

聽見母親這麼說，男孩總算有回應了：「媽媽，那妳每天跪在神佛面前說『請您保佑』，而且總說個沒完沒了，神佛難道就不生氣嗎？」

母親聽了兒子的話，頓時啞口無言，接著她省悟地點了點頭，從此便不再大老遠跑去神社求神拜佛了。

簡單的一句「媽媽」，輕輕點醒了過於迷信的母親。再想想，四處懇求人們施助，或到處追求致富秘方的人，與故事中的母親有何不同？

童言童語的智慧，也正提醒著我們：「我們無須到處祈求天佑平安、喜樂，只要放下一點偏執，幸福自然就會降臨，能讓心胸多騰出一點空間，快樂自然就會充滿胸膛。」

10. 杜絕貪念，才不會一再受騙

生活中最佳的依靠是我們自己，

有天大的好事發生時，

要能冷靜轉念：「嗯，這其中恐怕另有內情。」

犯了錯，別再拖人下水

生活中，許多人不能冷靜深思自己的錯，總是手忙腳亂地找人幫忙、推過，最終不只累人也害己。

當老朋友相見時，當然會有一番寒暄與問候，而且多半會從老問到少、從今天天氣問到昨天情緒，畢竟難得再見面，自然很想了解朋友這些日子的情況。只是問候關心前，還是多做點功課比較妥當，免得自己問錯話發生尷尬，更可以避免觸碰到他們不想提的傷心往事。

翰森先生和多納爾先生已經許久未見了。約翰一看見老朋友，第一句話便是關心地問候起他的孩子：「多納爾，記得當年你兒子正值成年，且他還勇敢決定到外地發展打拚，這麼多年了，想必他已經有番成就了吧！」

只見多納爾先生聳了聳肩，嘆了口氣說：「唉，他到底有多少成就我是不知道，不過政府倒是挺看重他。」

翰森先生不解地問：「哦，這怎麼說呢？」

多納爾先生回答說：「因為，警察不久前才貼出公告，說若是找到他可以得到十萬塊獎金。」

若非多納爾先生的冷靜自嘲，問錯話題的翰森先生恐怕不知道接下來要怎麼和多納爾先生交談吧！

聽得出多納爾先生對兒子的無

可奈何，踏錯了人生的路，還被警方四處通緝，有這臭名遠播的兒子，對身爲父親的多納爾先生來說想必是十分難堪的，而其中的傷心，局外人也不難深刻感受到。

但他還能自嘲，或許多納爾先生早就看開一切。

據說某個小鎮的鎮長有著非常重的負擔，那個負擔則起因於他的堂兄。原來，他那位堂兄非常狂妄，很喜歡搬出他那堂弟的鎮長之名來向他人炫耀，特別是當他出了事情或犯下了違規事情時，鎮長肯定會被他拖累。無可奈何之下，鎮長只好對下屬們說：「記住，你們務必要謹守自己的崗位，千萬不要理會我堂兄的搬弄或恐嚇。你們有你們的職責，只要他犯錯，你們根本無須考慮到我，是非公正相信你們心中自有一把尺。」

得到鎮長的授意，警察和官員們對於那名堂兄再也不畏懼了。

有一天，那位堂兄因為在公園裡大聲吵鬧，並干擾了附近居民的安寧，因而警員到場將他帶回警局審訊。這堂兄發現警察們的態度大不如前，氣憤地辱罵著：「你們這些王八蛋，你們不知道我是誰嗎？」

局長走了出來，冷靜地看著他，然後拿起電話撥到鎮長辦公室，接著不慌不忙地說：「請告訴鎮長，他的堂兄目前正在警察局，但他似乎已經想不起自己叫什麼名字了。」

在上述那則故事中，最重要的關鍵是鎮長公正無私的態度。面對執法人員時，爲免他們爲難，大方地告訴屬下們「做該做的事，懲該懲的人」，法律之前人人是平等的，對他而言，即使自己的親人犯罪也應該接受法律制裁。

這樣的鎮長確實該給他一點掌聲，然則從另一個角度思考，鎮長的堂兄便很不應該，既不能顧及堂弟的政務官角色，連最基本的親情思考層面都不顧，只想依靠權勢仗勢欺人。他敢犯錯卻不敢面對，這不是很矛盾可笑嗎？

生活中，許多人不也如此，不能冷靜深思自己的錯，總是手忙腳亂地找人幫忙、推過，最終不只累人也害己。試想有一天倚靠的勢力不再，而犯錯又已成了習慣，若自己不能面對解決，最終下場可想而知。

杜絕貪念，才不會一再受騙

生活中最佳的依靠是我們自己，有天大的好事發生時，要能冷靜轉念：

「嗯，這其中恐怕另有內情。」

在法庭上，法官看著眼前犯了竊盜罪的老人家，無奈地問道：「這件事真讓人不敢相信，老先生，您已經八十歲了，都這把年紀了為什麼還想偷車呢？我實在想不通啊！」

老先生緩慢地說：「法官先生，您當然不能瞭解了，您要知道，在我年輕的時候可還沒有汽車呀！」

因爲年輕的時候沒有汽車可以偷，所以老了想試試身手，這若是面對年輕人當然要好好懲治他，但這偷兒偏偏是個八十高齡的老人家，雖說錯了就是錯了，但老先生的說辭確實讓人莞爾，再想想，如果你是法官，你會怎麼判？是動之以情，勸他得爲自己和家人著想，好好把偷東西的癮戒了？還是依法將老先生移送法辦呢？

是重情還是重法，想必不同性格的人會有不同的做法，但無論如何，偷東西就是不對的，不論技巧多麼高明，就好像下述這則案例。

凱特夫婦剛收到一封神秘的信，信裡面附了兩張粉紅色的門票，那是一場他們想了好久卻無緣買到的音樂

會門票。但是信裡沒留下隻字片語，他們夫妻倆怎麼也猜不著是誰這樣關心他們。

「親愛的，是誰這麼好心送我們這兩張票呢？」凱特太太開心地追問。

凱特先生搖了搖頭說：「親愛的，我怎麼也猜不著啊！」

「嗯，我也想不出那個人，這樣吧！就當作是上帝送給我們的禮物。親愛的，快點準備，我們這就去聽音樂會，千萬別浪費了上帝的恩惠！」凱特太太笑著催促著老公。

這場音樂會果真非常精采，凱特夫婦回家途中，激動的心情還久久無法平復。不過，當他們興致勃勃地回到家中時，卻見房門大開。

「天啊！親愛的，怎麼會這樣？」凱特太太瞪大了雙眼，看著被洗劫一空的屋裡，此刻，她的心更加「激動」了。

讀到這裡，聰明的人應該猜著了那封信是誰寄給他們的吧！

只是，就事論事，不管這個竊賊有多高明的手段，始終得有人樂意「配合」才行，不是嗎？

「天下沒有白吃的午餐」，這句話不僅適用於人生勵志的道理上，更適宜用在老被「貪念」佔據腦海的人身上。所以，如此難得的入場劵莫名其妙地出現時，除了感謝老天爺外，更要轉念想一想：「世上眞有這等好事？」

現今詐騙集團猖獗，別只怪執法單位不夠努力抓壞人，畢竟騙子的產生有一半責任是我們自己要負起的，因爲若非貪婪心起，怎麼會把一盒香煙看成百萬現金？若非我們不能理性冷靜，又怎麼會糊塗到聽不出自己兒子的聲音？

生活中最佳的依靠就是我們自己，自保動作若能做得確實，麻煩災害是不會那麼輕易地在我們身上發生的，所以，下一次再有天大的好事發生時，千萬別再在心裡暗爽著：「這眞是天上掉下來的禮物！」而要能冷靜轉念：「嗯，這其中恐怕另有內情吧。」

當然，在第一步冷靜轉念後，別忘了還有第二步，那就是要理性地杜絕心中滋生的貪念啊！

世界因心境變化大小

帶著謙卑心、帶著寬廣心來面對這個世界的人事物，我們自然會感受到心的寬闊，也能理智面對眼前的無限世界。

有一次，人們問霍加：「霍加，在這兒你到底是個有點學問的人，我想請你解答一個疑問，請你說一說，這個世界到底有多大？又是多少尺寸呢？」

霍加聽完問題，靜靜地想著如何回答，就在這個時候，正巧有個送殯行列從他們身旁經過。

霍加好奇地轉頭過去看，忽然，只見他指著棺材說：「喏，躺在棺材裡的那個人，肯定會給你一個最好的答案，去問他吧！因為，他剛剛測量過。」

你覺得這個世界到底有多大呢？若不從精準的科學角度去思考，從我們的人生經驗和智慧去省思，這宇宙的大小想來在不同人的心中各自不同吧！世界不是「就這麼大」幾個字，地球的圓周雖然已被測量出一個數字，但如同人生一般，世界大小其實一直跟著我們的心境變化著。心寬，這個世界無論怎麼走都走不盡；心窄，隨便跨一步便會碰壁。

換言之，想探測這個世界的大小，便得看我們選擇的角度，以及在待人處世時又是否敞開了心，如此才能看見心的寬廣。

看不見寬廣心的話，我們便得想一想，是不是滿肚子都被計較的心佔滿了，否則怎麼會不懂欣賞人們的幽默？

以機智幽默聞名的哈利斯是個笑話大王，總是能在幾秒鐘之內不假思索地講出一個笑話來。

這天，有位學者來拜訪哈利斯，他也聽說了哈利斯的笑話大王之名，於是

向哈利斯說：「聽說你非常會講笑話，不知道你能不能說個笑話來聽聽，但是，你只能用『一句話』來表達，這應該難不倒你吧？」

哈利斯笑著說：「一句話？這『一句話』的笑話可多著，就怕我說了你完全聽不懂。」

「哈哈哈！說了我會聽不懂？這真是個大笑話啊！」那學者大笑駁斥著。

但學者笑了幾聲後，忽然發現自己竟被哈利斯耍了，只見他尷尬地呆在那老半天，想找個台階下卻怎麼也找不到，最後哈利斯拍了拍他的肩膀說：「嗯，看來你還頗有慧根的嘛！」

學者這才滿臉尷尬地說：

「失敬了。」

如果有心計較這世上的人事物，世界再大，在我們眼中仍會是渺小的，就像故事中的學者，有心出難題考哈利斯，等著看他因爲「一句話」而出糗的窘樣，卻未料機智的哈利斯循著學者的心機，藉由這「一句話」回應，輕鬆點出學者自以爲是的缺陷。

當然，哈利斯也未負機智大師之名，在一番嘲弄諷刺之後，不忘爲對方緩頰，再以一句「幽默慧根」輕鬆化解了學者的窘態，經過這次交鋒，也讓他的大師之名更加穩固了。

和世界大小一樣，人的潛能有多寬廣，想來很難探出一個標準，總之，帶著謙卑心，帶著寬廣心來面對這個世界的人事物，我們自然就會感受到心的寬闊，也能理智地面對眼前的無限世界。

不要輕易放棄手中的掌控權

生活中的方向和決定權都在我們的手上，別讓無知的毛驢牽著我們的鼻子走，更不能讓醜惡的貪婪人性牽制了我們的心。

某天，霍加騎著一頭非常頑劣的驢子在街上奔跑，這頭驢子實在非常頑固，無論霍加怎麼打罵或哄騙，始終無法把這頭驢子引向他要前進的方向。

這時，有個朋友向他招呼著：「霍加，你要到哪去啊？」

霍加緊緊拉著繩子說：「這要看我的驢子高興往哪去了。」

放任驢子想往哪走便往哪走，那方向當然不是人們可預知的，只是明明手中握著控制權，卻不思怎麼克服、掌控，似乎不太妥當吧！

從尊重自然萬物的角度思考，或許這個幽默應答可以讀出另一番解釋，但若從人際互動角度來想，霍加似乎並未用心掌握自己手中的主動權和控制權，換言之，就霍加的「放任」實在有非常大的討論空間。關於這點，或者我們可以從下述這則案例進而延伸思考。

有個犯人送了一份大禮給他的辯護律師，為了不負所託，律師在法庭上拚了命地為嫌犯辯護。這個律師表現得十分出色，他的努力辯護終讓被告當庭被宣告無罪釋放。

律師滿臉開心的和「客人」走出法庭。在門口，他趁著四下無人時，小聲問這個嫌犯：「我的朋友，現在你已經獲得釋放了，那你能不能跟我說實話，那個人到底是不是你殺的？」

「律師先生，我真的非常感謝你，特別是當我在法庭上聽到你為我所作的辯護，那讓我確信了一件事：『我是無辜的！』你不是這麼認為的嗎？」嫌犯狡猾地回答。

簡單的一句「因爲你讓我相信自己是無辜的」，輕巧躲過良心責難，同時還悄悄把部分責任轉嫁給他的辯護律師，一如他的回答裡不正是告訴律師，即便他是有罪的，如今也因爲律師昏昧地堅持無罪，而獲得無罪的宣判。所以，讓他就算眞的有罪，律師也將會是「共犯」，因爲律師早就收下嫌犯的賄賂，而提出有昧良心的舉證與辯護。

不論法庭內的是非公正，從現實生活的角度，兩則故事都有個共通的道理，那便是：「生活中的方向和決定權都在我們的手上，別讓無知的毛驢牽著我們的鼻子走，更不能讓醜惡的貪婪人性牽制了我們的心。」

故事很簡單，也有著幽默笑點，但笑看這兩則故事時，聰明的你應該多從當中找出不一樣的思考點切入，以便從中找到你我現實生活中的新方向。

不是所有的「客人」都值得幫忙，也不是所有的頑驢都能放任，既然決定這頭頑驢成爲你的坐騎，那麼你便得盡力想出能駕御馭制牠的方法。

用對地方的機智才能發揮價值

只要不用錯地方，機智幽默總能為人帶來生活趣味；只要別用在錯誤的事情上，機智幽默一定能協助你編織出一齣精采的人生。

有一天，卡巴延爬上糖棕櫚樹，準備偷吃美味的棕櫚樹汁。忽然他聽見一陣急促的腳步聲，正在樹上的卡巴延遠遠便看到樹林的主人來了。

卡巴延急中生智，不等主人開口責罵，連忙搶著喊道：「請問，這是通往天堂之路的最佳位置嗎？」

卡巴延雖然緊急想出了一個問題來作掩飾，但是，再合理的答案也不能改變犯錯的事實；再巧妙的躲避遮掩，也不能抹滅企圖犯錯的眞相。況且，就算逃過了人們的指責或法律的責罰，人們仍會在面對良心時深感不安的。

機智不應當用在錯誤的事件上，多數人一定都曾經歷過犯錯後心神不寧的狀態，回想起那些心慌又疑神疑鬼的時候，必然會發現，坦承犯錯比起苦困於生活不安中還來得快樂。

我們的機智要多用在化解生活難題上，更要能運用在勇於面對錯誤的情況中，聰明如你想必早已領悟這個道理。

當然，若是將機智用在與朋友開玩笑，也能帶來幽默的生活趣味，一如哈米拉和鄰居的故事。

這天，天空下起了雨，哈米拉走到門口，正巧看見一個鄰居拚命往家的方向跑去，哈米拉見狀，大聲問他：「你為什麼要跑啊？」

「躲雨啊！」鄰居喊道。

「什麼！」哈米拉故作驚訝地喊著。

鄰居看了哈米拉一眼，依舊急速往前奔，這時哈米接著說：「你說那什麼話，你真是不想活了吧！你怎麼能躲避真主的恩賜呢？」

鄰居一聽，只得放慢腳步，一步一步地走回家，只是這一慢卻讓他全身都濕透了。

說來也巧，有一天鄰居也坐在窗前觀看雨景，這時他卻看見哈米拉正急急忙忙地往家的方向跑去，那超快的奔跑速度，使他身上的袍子下襬擺動得很劇烈。鄰居不解地喊道：「哈米拉啊！難道你忘記自己說過的話嗎?你這不也是在躲避真主的恩賜嗎？」

只見哈米拉朝他揮了揮手，然後邊跑邊說：「不，我是怕踩著了真主的恩賜，所以要趕緊跑開。」

多妙的一個「別躲避眞主的恩賜」，又多機巧的一個「就怕踩著眞主的恩賜」。若說哈米拉欺負人，不如說鄰居眞傻，竟然不懂得判斷當下情況，一味跟著哈米拉所說的話走，淋到一身濕，因而要怪哈米拉不如怪自己呀！

如果不能聽出他人話裡的玄機，也看不出人們有心戲弄，又不能視當下情況變通保護自己，若要究責，其中有大半責任是得歸咎於我們自己。好像哈米拉在聽見鄰居質疑時，一派瀟灑的機智變通，爲的不就是保護自己，免於淋得一身溼？畢竟，眞主也會希望他的子民能健健康康的，不是嗎？

只要不用錯地方，機智幽默總能爲人帶來生活趣味；只要別用在錯誤的事情上，機智幽默一定能協助你編織出一齣精采的人生。

早做準備才不會樂極生悲

所謂「做好準備」，不是一味樂觀前進，而是隨時想像可能發生的危機，然後在踏入之前早做預防。

從古到今，有許多小人物的行事作風讓人嘖嘖稱奇，更有不少人物的勇氣與大膽讓人敬佩不已，好像日本的傳奇小人物吉四六便是一例。

日本傳奇人物吉四六的家境非常窮困。有一天，村裡的一位財主準備辦喜事，於是託吉四六到鎮上買魚。在把魚貨確實交付財主後，對方給了吉四六四尾活魚作為酬謝。

吉四六難得帶了一串魚回家，妻子看當然非常高興，但不知何故，吉四六卻是滿臉愁容。

坐在磨損嚴重的小凳子上，吉四六兩眼直直地瞪著那四尾魚，突然間，竟大聲地喊叫著：「天啊！偷飯賊！」隨即，他竟把魚使勁地往地上一扔。

妻子一臉莫名其妙地斥聲問：「你發什麼神經？」

只見吉四六氣憤難平地說：「妳想想看，用這麼美味的魚配飯，我起碼要吃兩碗以上的飯啊！牠不是偷飯賊又是什麼呢？」

多賺得的幾尾魚，對妻子來說是喜悅加菜，但對吉四六來說卻是另一個負擔與壓力，這個轉念想法，還眞不是常人會想到的。

或許有人會認為，何必把事情想得這麼悲觀偏頗，生活應該時時都要即時行樂，而不是喜獲加菜金，卻又苦惱錢太少買不足所有東西啊！

但是，正面樂觀是應該的，負面自省也是必需的。從吉四六的角度想想，一個原本過著困苦生活的家庭，也許整年也吃不到一尾魚，如今忽然拿到了四尾鮮魚，光是保存就夠他們傷透腦筋了，更何況總會加許多重口味調味料的魚料理，必要配上更多白米飯，這對一天恐怕都吃不到一碗飯的吉四六來說，其煩惱當然不是尋常人能明白。

看完這則小人物的煩惱故事，或者我們可以這麼說，煩惱是生活必備的東西，有一喜也會有一憂，有一樂也會有一怒，度量任何事情都不要一味從自己的角度去評審論事。

換句話說，生活別只顧眼前樂，隨時多轉身望一望，免得樂極生悲啊！

有人問毛拉：「聽說今年的冬天會非常冷，您做好哪些準備呢？」

只見毛拉苦笑道：「我做好了打哆嗦的準備。」

這句話聽來苦澀，但援引入你我的人生，其中旨意其實非常清楚明白：「面對一切事情，要做好準備也做好防備。就算現在看似幸運連連，我們也要小心謹慎防範突如其來的意外！」

智者雖然倡導樂觀積極，但也不忘預想厄運時。所謂「做好準備」，不是一味的樂觀前進，而是隨時想像可能發生的危機，然後在踏入之前早做預防，繼續帶著樂觀的笑顏積極前進。

愛沒有先後之分，只有真假之別

既然決定重新開始一段新感情，請先調理好自己的心，然後準備好重新配合新伴侶的不同腳步，共同走向未來。

談起感情，每個人都必定會有一番感想，無論是對眼前人的著迷或怨惱，或是對過去戀人的懷想與慨歎，多數人聊及時，總不免帶著激動的心情，但人雖有這麼多的心得，似乎還是學不會該怎麼「愛」．

這問題確實不容易解決，不如先擱下思考，來看看智慧大師霍加怎麼看待「被愛」與「愛人」。

老婆去世後，霍加又娶了一個寡婦，重感情的他每每想起前妻，總有無限的懷念，也因此不時會在新老婆面前談起前妻的美好。

妻子聽了非常不悅，只覺心中有許多委屈，因為她總覺得霍加似乎對她有諸多不滿。最後妻子實在受不了了，便開始講起她死去前夫的長處。

這次換霍加心生不滿了，他聽著老婆不斷提起前夫種種的好，實在難以壓抑內心的怒火與醋意，竟對躺在床上的老婆踢了一腳，害她整個人滾到了床下，跌得渾身都疼痛。

不久，婦人的父親來看他們，她立即向父親抱怨起霍加的不是：「爸，這霍加真真是個臭男人，他……」

霍加妻子氣憤難平地向父親訴苦，只見她父親耐心地聽著女兒訴苦，然後不住地點著頭。不過這父親是個理性的人，對於夫妻之間的事也略有體會，因而並沒有一味地只關照著女兒的情緒，也同時要霍加給他一些理由和解釋。

霍加嘆了口氣說：「好，現在我就把一切情況都告訴您，也請您一定要公平地來判斷是非。」

妻子的父親點了點頭，於是霍加放心地開始解釋：「您想一想，我原就是一個人，再加上我已經死去的老婆，這不就是兩個人了；現在又加上您的女兒，便是三個人，最近又再加上他過世的丈夫，一共是四個人。我的天啊！請您想想看，雖說我是個心胸寬廣的人，但一張床怎能躺四個人呢？正因為如此，我們總覺得那張床實在太擁擠了，那天她便是躺在床邊，不知怎麼滾了下去。唉，這與我有什麼關係呢？」

老父親點了點頭，接著拍了拍霍加的肩說：「我了解！」

岳父體貼的安慰，對霍加來說確實如打了劑強心針，對他來說，岳父並未站在妻子那邊，而是明白事理地與他站在一塊兒，想來這應該讓他十分感動，至少在這條還有待努力的感情路上始終有岳父的支持。

確實，就心理層面來看，當然無須苛責霍加，但就事理的角度來看，霍加似乎應該先自省才對。

其實道理很簡單，只有「將心比心」四個字。霍加不妨先用心感受妻子的心情，畢竟明明已經決定從新開始，決定接受新的人生伴侶，又怎能不好好感受現在枕邊人的心？

能不忘前妻的深情確實讓人動容，但若無法顧及現在妻子的感受，這「深刻情感」就是帶點虛假做作的成份在裡頭了，況且霍加不時對前妻讚美、追憶著前妻的美好，對現在的妻子來說是多麼難堪啊？與其跟岳父訴苦，不如好好關照新妻子的感受，畢竟未來將與他一路扶持到老的人是眼前佳人呀！

愛不能只顧著自己的感情，而是要能關懷身邊的另一個人，既然決定重新開始一段新感情，最重要的是先調理好自己的心，然後準備好配合新伴侶的不同腳步，共同走向未來，這樣才不會產生諸多莫名其妙的爭執，讓原本計劃中的幸福方向出現偏差。

生活良品

86

優秀的人，不會為了小事抓狂

作　　者　文蔚然
社　　長　陳維都
藝術總監　黃聖文
編輯總監　王郡凌
出 版 者　普天出版家族有限公司
新北市汐止區忠二街 6 巷 15 號
TEL / (02) 26435033 (代表號)
FAX / (02) 26486465
E-mail：asia.books@msa.hinet.net
http://www.popu.com.tw/
郵政劃撥 19091443 陳維都帳戶
總 經 銷　旭昇圖書有限公司
新北市中和區中山路二段 352 號 2F
TEL / (02) 22451480 (代表號)
FAX / (02) 22451479
E-mail：s1686688@ms31.hinet.net
法律顧問　西華律師事務所・黃憲男律師
電腦排版　巨新電腦排版有限公司
印製裝訂　久裕印刷事業有限公司
出 版 日　2024 年 8 月第 2 版第 1 刷
I S B N◎978-986-389-944-0　條碼 9789863899440

國家圖書館出版品預行編目資料

優秀的人，不會為了小事抓狂／
文蔚然.—第 2 版.—：新北市,普天出版
2024.8 面；公分. -（生活良品；86）
I S B N◎978-986-389-944-0（平裝）